大正新教育

学級・学校経営 重要文献選

編集・解説 橋本美保・遠座知恵

第Ⅰ期 高等師範学校附属小学校における学級・学校経営

第1巻 東京女子高等師範学校附属小学校1

不二出版

刊行にあたって

橋本　美保
遠座　知恵

　現在、「カリキュラム・マネジメント」という用語を用いて議論されている教育改革の実現のためには、教師の実践改革へのモチベーションや力量をどのように形成していくのかが課題となっている。二〇一五年に出された中央教育審議会の答申「これからの学校教育を担う教員の資質能力の向上について」では、主体的に学ぶ教員の育成のために協働的な学校組織で校内研修を充実させることが求められており、それを担う校長のリーダーシップが強調されるようになった。しかし、こうした問題は今日だけのことではなく、近代以降日本の教育改革が叫ばれるたびにくりかえし論じられてきた。とりわけ、大正・昭和初期における一連の教育改造運動、いわゆる大正新教育（大正自由教育とも呼ばれる）は「アクティブ・ラーニング」の源流ともいえる理念と方法を含みもつ、革の根的な実践改革運動として評価されている。当時の教育界では「学校経営」や「学級経営」という言葉が流行し、その主体としての校長や教師の力量形成がさかんに論じられていた。

　「学校経営」や「学級経営」の原語である"school management"や"classroom management"は近代学校が成立した明治期に日本に流入していたが、その意味合いは大正新教育期に変化した。それは、こうした言葉を用いて実践改革を称揚するようになったのが「実際家」たちだったからである。当時、自ら「実際家」（あるいは「実際教育家」）を名乗った人たちの中には、小学校の訓導や校長だけでなく、中学校や師範学校の教員、高等師範学校の教授や私立学校の設置者など、多彩な顔ぶれがみられる。彼らは、「理論家」に対抗意識を有していたとみられ、自身は「教育実際界」の人間であることを強調している。明治後期にはヘルバルト教育学の輸入によって成立した「教育学」が普及するとともに、教育界には「理論と実際」に関わるさまざまな二項対立、たとえば学知／生活、言葉／経験、能動／受動、主体／客体、個人／社会、といった問題が認識されるようになっていた。こうした図式は現在に至るまで教育を語る枠組みとして論じられているが、むしろ大正新教育運動の担い手たち、

「実際家」こそが、この二項対立を経験し、葛藤し、その図式を乗り越える論理や方途を真剣に模索していたのではないだろうか。彼らが目指したのは「実際教育」の質を高めることであり、そのためには「理論」を実際に適用するだけでなく、「教育の事実」から学ぶ必要があった。彼らは「実際家」としての使命感をもち、それぞれが置かれた場で「教育の事実」に基づく研究に踏み出していたのである。こうした認識や試みを「実際家」ならではの視点や領域として彼ら自身が表現した言葉が「学校経営」や「学級経営」であったといえよう。

大正新教育期の「学校経営」や「学級経営」の概念は多様であり、その取り組みには教科の枠組みを超えたカリキュラム改造、評価の視点を取り入れた児童研究、教師の能力形成を意図した研究態勢の整備、ミドルリーダーやスクールリーダーのためのリーダーシップ論など、現在議論されている教育改革の視点や方法が内包されている。実践の質向上の要となる教師の力量形成を、規範の改変やモデルの提示にとどまらず、学校を基盤として進める方法や課題を探るためには、大正新教育の多様な実践改革は格好の事例といえるだろう。当時、国家主義的な教育政策の下で「教える機械」であることを強いられた教師たちが、「学校経営」や「学級経営」を唱導し、自らの実践を変えようとしたのはなぜなのか。重要なことは、「実際家」たちが「学校経営」や「学級経営」といった概念を用いて、彼らの実践を相対化していったプロセスに注目することであろう。「実際家」たちの個別具体的な課題解決の過程には、今日の我々にも有益な示唆を与える「カリキュラム・マネジメント」のエッセンスをみることができる。彼らの取り組みの記録が、時代を超えて求められている「教師の成長」のプロセスと、それを促す条件（環境）の解明につながり、現代の子どもたちの学びの質の向上に資することを願っている。

（はしもと・みほ　東京学芸大学教育学部教授）
（えんざ・ちえ　東京学芸大学教育学部准教授）

凡例

一、『大正新教育 学級・学校経営重要文献選』は、大正期における学級経営、学校経営を論じた重要な文献、論考を精選し、全Ⅱ期・全10巻として刊行するものである。
一、収録にあたっては、執筆者が関わった学校別に分類した。収録内容は別表「収録一覧」に記載した。

第Ⅰ期 高等師範学校附属小学校における学級・学校経営
第1巻 東京女子高等師範学校附属小学校1／第2巻 東京女子高等師範学校附属小学校2／第3巻 東京高等師範学校附属小学校1／第4巻 東京高等師範学校附属小学校2・広島高等師範学校附属小学校／第5巻 奈良女子高等師範学校附属小学校1／第6巻 奈良女子高等師範学校附属小学校2

第Ⅱ期 師範学校附属小学校・公立校・私立校における学級・学校経営
第7巻 茨城県女子師範学校附属小学校／第8巻 富山県師範学校附属小学校・東京府女子師範学校附属小学校ほか／第9巻 公立校（田島小学校・神興小学校ほか）／第10巻 私立校（帝国小学校・成城学園ほか）

一、刊行は第Ⅰ期・第1回配本（第1－3巻）、第Ⅰ期・第2回配本（第4－6巻）、第Ⅱ期（第7－10巻）の全3回である。
一、編者による解説は、各期最終巻（第6巻、第10巻）に附す。
一、収録は、単行本の場合はその扉から奥付（広告頁含まず）までとした。論文の場合は冒頭部分（扉）から末尾までを収めた。削除箇所については、「収録一覧」及び本文中に注記した。
一、原資料を忠実に復刻することに努め、紙幅の関係上、適宜拡大・縮小した。印刷不鮮明な箇所、伏字等も原則としてそのままとした。
一、今日の視点から人権上、不適切な表現がある場合も、歴史的資料としての性格上、底本通りとした。

※ 本選集中の著作権については調査をいたしておりますが、不明な点もございます。お気づきの方は小社までご一報ください。

『大正新教育 学級・学校経営重要文献選』 第Ⅰ期 高等師範学校附属小学校における学級・学校経営 全6巻

収録一覧

第1回配本・全3巻

巻数	巻名	文献・論考名	著者名	発行元・掲載誌名	発行年	収録範囲・備考
1	東京女子高等師範学校附属小学校1	学級経営原論	北澤種一	東洋図書	一九二七（昭和二）年	序論－六章
		学校経営原論			一九三一（昭和六）年	二－五章
2	東京女子高等師範学校附属小学校2	低学年教育原理と尋一・二の学級経営	坂本豊	目黒書店	一九二八（昭和三）年	
3	東京高等師範学校附属小学校1	自学中心学級経営の新研究	小林佐源治	目黒書店	一九二五（大正一四）年	一－三章、六章（一－六節まで）、一〇－一二章
		学校経営新研究			一九二九（昭和四）年	一－六章、九・一〇章、一八－二三章

第2回配本・全3巻

4	東京高等師範学校附属小学校2・広島高等師範学校附属小学校	生活指導学級経営の理想と実際	鹿児島登左	明治図書	一九二八（昭和三）年	一－一〇章、一五－一七章
		学級論	佐藤熊治郎	『学校教育』一七五－一七七、一七九－一八一号	一九二八（昭和三）年一－三、五－七月	一－一二（未完）
5	奈良女子高等師範学校附属小学校1	学習法実施と各学年の学級経営	清水甚吾	東洋図書	一九二五（大正一四）年	一－一八章
		続 学習法実施と各学年の学級経営			一九二八（昭和三）年	七－一一章
6	奈良女子高等師範学校附属小学校2	学校経営の概観	木下竹次	『学習研究』二巻四号	一九二三（大正一二）年四月	
		学校進動の原理（学校経営論）		『学習研究』二巻五－七号	一九二三（大正一二）年五－七月	（一）－（三）
		学校の経済的活動		『学習研究』二巻九－一一号、三巻一－二号	一九二三－二四（大正一二－一三）年九－一一月、一－二月	（一）－（五）
		学級経営汎論	木下竹次	『学習研究』三巻四号（「新学級経営号」）	一九二四（大正一三）年四月	
		合科学習に於ける学級経営と其の功過	鶴居滋一			
		学習法の実施と学級経営	清水甚吾			
		学級経営案と学級経営	山路兵一			
		学級経営苦	池内房吉	『学校・学級経営の実際』二巻六号	一九二七（昭和二）年六月	
		父母としての教室生活	池田小菊	厚生閣書店	一九二九（昭和四）年	「序」－「教育の方法に就いて」

『大正新教育 学級・学校経営重要文献選』

第1巻 東京女子高等師範学校附属小学校1

目次

学級経営原論

北澤種一著

學級經營原論

東京
大阪
東洋圖書株式合資會社發兌

序

本書は大正十五年八月一日兒童教育研究會夏季講習會に於て余が講じたる講演の速記を基礎とし之に多少の增補修訂を加へたものである。

余が嘗て歐米の地にあつて彼の地の實際教育を研究したる時に、特に之を我が國實地教育界と比較し考察して、著しく感じたる事の一つは彼の地の教育者殊に學級擔任の教師が、單に某々教科目又は學科目の教授者として克く努力盡瘁して居るのみならず、學級の經營者として特殊の識見と才幹とを有して、よく學級教育の任務を果して居る點であつた。歸朝後第一回の兒童教育研究會開催の夏季講習會即ち大正十四年八月に於ては先づ歐米に於ける新教育の實際を紹介するの必要を認めてそれを講演したのであつた

がその速記も書肆の請によつて目下校訂中であるが、第二回目の同會夏季講習會に於ては本邦教育者の爲に是非共彼の地教育者の長所として認むべき學級擔任者としての教師に必要なる修養の材料を提供せんとの考で講演をしたのであつた。偶々東洋圖書株式合資會社永田與三郎氏の懇請により、兎に角之を速記にすることだけを約束したのであつた。同氏が速記を通讀して面白いから出版してはとの事であつたが、余は餘り心も進まなかつた。蓋し尙改訂修補すべき多くの點を認めて居る一方には公私多端の生活を續けて居るといふ事情もあつたからである。然るに永田氏は切りに出版を勸めるので、自分も止むなく、意に滿たざる多くの點のあるにも關らず、殆ど速記をその儘出版するの止むなきに至つた。併し乍ら大正十四年の講演速記が未だ書肆の手にも渡らざるに、大正十五年の後の雁が先になつたことは偏に永田氏の熱心が之を然

らしめたものといふの外はない。若し本書がその內容に於て蕪雜生硬の點ありとすれば否現にそれを多く認めるのであるが、そは余の不敏の致すところとして世の識者に對へなくてはならぬが、それにも關らず多少の讀者を得て本邦の教育界に若干の寄與をすることが出來るとすれば、そは全く書肆の熱誠の賜といふべきであらう。

本書の內容に就ては、漢堡教員會雜誌、ドクトル・シヤレルマン氏研究の報告、ウヰルヘルム・パウルゼン氏所說、リツト教授、ナン教授、ジヨンアダムズ氏ジエイムズ・ドウレーヴアー氏・ソーンダイク教授、カールトン・ウオツシユバーン氏等の研究や好意に負ふところが甚だ多い。記して厚く感謝の意を表する次第である。

昭和二年二月六日夜

北澤種一識す

學級經營原論　目次

附　錄

學級經營原論

北澤種一著

緒論

第一節　學校敎育と學級敎育

現代に於ける學校敎育に於て、その敎育の實施されて居る狀態を通觀するに、その學校に於ける當事者が直接にその學校敎育に對して持つ交涉は學級敎育に當り居る敎育者即ち學級擔任の敎師がその學校敎育に對して持つ交涉に比して其の性質分量に於て全體の上から見て餘り大なる差異を認めることは出來ないのである。

蓋し學校は一つの敎育的組織として存在し經營せられて居るのであつて生徒や兒童がその組織の中に入つて來れば自らその全組織そのものゝ力によつて敎育的の影響を受けることは見遁すべからざる事實である。併し乍ら現代の學校敎育に於て被敎育者が敎育されることは一面に於て學校全體としての組織そのものゝ力に依賴すると同時に他面に於てはその全組織の中に一部分としての位地を占めて居る學級といふものに依賴することが甚だ多いのである。實に學級は全組織を成す爲の一つの單位としての位地を占むるものであつて今日に於ては此の一單位に於ける敎育は生徒兒童の學校生活の殆ど全部を占めて居るといふも敢て過言では無いのである。換言すれば今日の學校敎育は事實に於て大部分學級敎育を通じて行はれて居るのであつて敎育の概念としては學校敎育は可なり重要なる位置を占めて居るにも關らず、敎育の實際は學級敎育といふ形態を採つて實行せられて居るのである。勿論學級で行ふ敎育は學校敎育である以上は學級は學校組織の單位としてその組織全體に有機的に關係して居るのであるから學校全體が學級の敎育に影響し學級敎育が學校全體に影響を及ぼすこと

は當然のことであるが敎育事實そのものを直視し被敎育者の學校生活に於ける活動や敎育的業績そのものを吟味して見れば、吾人は事實に於て學級生活そのものを、從來考へられて居つたより以上に重要視することが當然であることを認めずには居られないのである。

之を被敎育者そのものゝ立場から考察して見ても、被敎育者が學校生活を行ふといふ立場から見ても、學級生活學級敎育といふ物は、彼等が學校に於て受ける敎育や生活を具體的に特色づけるものであつて、從つて個々の生徒が受ける敎育や生活の具體的の特色は即ちその生徒の屬して居る學級の敎育や生活の特徴である。換言すれば日本中の小學校の兒童は皆一律に日本の敎育法令の定むる處の内容を持つた小學校敎育を享受するのであるが、その受けたる敎育の實際上の内容も特徴もその級友及びその學級擔任者によつて織り成されたる特殊の色彩によつて限定せられ、その級友及び學級擔任者とは到底切り離す事の出來ぬ經驗として殘るものが多いといふ事實を見遁してはならない。勿論校長その人の人格的特徴の兒童生徒に與ふる影響の強い物ある場合には、それも長

くその生徒兒童の敎育的効果として殘されるのであるが、之を昔の漢學塾私立學校等に比べて見れば、現代に於てはその傾向は漸次減少しつゝあるのである。彼の現代に於ける私立大學について見ても、その創始者と創始當時の學風と現時の學風とを比較考量して見たならば蓋し思半に過ぐる物があるであらう。蓋し敎育の制度や組織といふものが學校敎育の構成分子として多大なる位置を占むる樣になつて居る現代にあつては是も亦止むを得ざる事態であらう。されば現代に於ける學校敎育の進步改善を圖らんとするものは先づその眼を學級敎育そのものに着けなければならぬ。敎育行政家も學校監督者も校長も敎員もその思を潛めて學級敎育に就ての改善を企圖しなければならぬ。

第二節　學級敎育と學級擔任者

學級敎育の直接の責任者は學級擔任の敎師である。

前節に於て述べたることが許さるゝならば吾人は學級の敎育を改良進步させ

ることに努力しなければならぬ。之が爲には先づその直接の責任者たる學級擔任者といふものをよく研究して見なければならぬ。學級擔任者はその擔任學級の兒童生徒の敎養の責任を負ふものとせられて居る。兒童生徒の方からも「學級擔任の先生」といふものは一種特別なる敬愛の情を以て迎へられて居る。而して敎育者は學級擔任者としての喜悅の情は敎師として特殊のものであるとなし、何人も學級擔任者となることを敎育者の當然享有すべき權利として考へて居る。

併し乍ら學級敎育が前述の如き重要なる地位を占むべきものであるといふことから考へて見るに、その直接責任者たる學級擔任の敎師は學級擔任者としての特殊の識見と才能とを有するでなくては到底その任務を全うすることは出來ない。

從來學級擔任者は校長の命ずるところに從つて法規の示すところを實行する國家敎育の一つの機關として働くことがその主なる任務とされて居た。現代の敎育思潮も亦之を要求して居る。而も改良せられたる敎育を實施する爲には必

ずしも從來の學級擔任者の爲したる事だけでは滿足することは出來ぬ。從來動もすれば組織制度の中に沒入してその人格者たるの地位を無意識の間に放擲して居つた事に眼醒めたる人々の間には茲に學級擔任者も亦人格者としての自由を有すべきものであるとする主張が起つて來た。而して單なる組織に於ける一機關として活動するのみならず人格者としての自由意志に從つて學級敎育を行ふ人とならなければならぬ時代となつた。所謂新敎育の試みは世界の各地に行はれて居るが、その一つの形相として、學級擔任者に、より多くの自由を與へて學級敎育を改善しようとする傾向を生じて來て居るのである。

併し乍ら學級敎育そのものに關する見識に於て貧弱なる學級擔任者であつたならば與へられたる自由は濫用せられざるを得ない。茲に於て學級敎育改善の爲に學級擔任者の頭腦の改造進步を要求する事が切實なる問題となつて來た。

我が國の小學校敎育界は比較的に進步的傾向を多く有し、他の敎育界に比して進步した活動を行ふと言はれて居る。研究心も旺盛であつて常に新しい方面に研究を開拓して居ると言はれて居る。實に我が國小學校敎師は勤勉でありそ

の道に忠實なる點に於て恐らく歐米諸國の敎育者に之を比して敢て遜色はないであらう。併し乍ら學級敎育に直接關係して居る學級擔任者を彼此互に之を比較して見るならば、遺憾ながら學級敎育そのものに對する見識に於て必ずしも優良なる位地を占めて居るとは言ひ難いと思ふ。

惟ふに歐米諸國の敎育者が學級敎育殊に學級といふ一つの社會團體に對して有する見識は、彼等の生活しつゝある社會そのものから生活によつて自然に會得して居る經驗的の知識や信條によつて形成せられ、それが直に學級生活といふ社會生活に適用せられ、極めて自然的に實施せられて居る點が多いであらう。我が國の社會生活は歐米諸國のそれの如く必ずしもその社會生活によりて不知不識の間に敎育者までもよき影響を受くる程に善良なる社會生活となつて居らないことも一つの原因であらうと思ふが、學級生活といふ社會生活を營みつゝあつても殆どその社會生活たることには無意識無關心であるものが比較的多く見受けられる。又一つには今尚「學習學校」の古き敎育思潮に囚はれてその古き殼を脱却することの出來ぬ爲もあらう。何れにしても我が國の小學校兒童は

之を歐米先進諸國の兒童に比すれば完全なる意味に於ける學級生活を營んで居ることが少く、從つて完全なる意味の學級敎育を受けて居ることが比較的少いことになる。現代に於て學級敎育の重要視しなければならぬこと前節の如きであるに當り、果して吾人の觀るが如き我が國敎育界の實狀でありとすれば、我が敎育界は先づ何事を措いても學級擔任者としての修養に於て缺くるところがあつてはならぬ譯である。

第一章　新教育に於ける學級の概念

第一節　從來の學級の概念

所謂新教育と云ふものは、學級と云ふものに對してどんな態度を取つて居るかを研究するに先だつて、從來の所謂學級と云ふものゝ概念は何であるかを知らなければならぬ。從來の學級と云ふ概念は事新らしく述べるまでもないのであるが、第一には敎育的立脚地からの學級概念である、純粹敎育の立場からの學級の概念は、最も簡單に述べるならば、年齢と學力とが等質であると云ふことを豫想して、これに一定の敎科課程を授けて行く所の兒童の一團體である。

一　敎育的立脚地に於ける學級の概念

今此の定義を解剖して見れば學級を組織する目的が「一定の教科課程を授ける」にあることが明かである。即ち教材といふものが先づ存し之を處分するに適する樣に兒童の一團を形成する、而もその成員たるものは年齡と學力とに於て等質である事を豫備條件として居るのである。蓋しヘルバルトの教育學以來、教授は教育の唯一の方法であると考へられ、此の教授を實施する爲には教科課程の必要を生じ、教科課程を一人一人に課して行く事は實行不可能であるところから多人數を一度に集めて教授即ち教材の處分を行ふ必要を生じた。之が爲には學力が等質であればある程、處分は容易に行はれる筈である。而して學力の等質はその兒童の生活年齡が等質であれば自ら得らるべきものと考へたので、茲に年齡と學力との等質を豫想したる兒童の一團體といふ概念を生じた譯である。現今の教育學の進步は必ずしも此の概念をその儘に受け容れることを許しては居らないが其の點に對しては後に論ずることゝしよう。

尙稍詳細に此の學級概念を明かにする爲に之に附帶して居る教育思想の一班を吟味して見る必要を感ずるのである。

以上の學級の概念には敎師・兒童・敎材の三者を豫想せざるを得ない。敎材即ち敎科課程を授ける者は敎師であり之を受取るものは兒童であり授けらるゝ物は敎材といふものである。此の三者の關係について暫らく研究して見よう。

先づ敎師といふ者の立場は此の學級概念に於ては凡ての中心となるものである。敎師が主となつて兒童と敎材とを相並馳させるといふ關係に立つものと見ることが出來る。之を二頭曳きの馬車にたとへるならば敎師が御者の立場に立つて車に乘つて居る。前には兒童と敎材とが互に相並んで敎師から鞭撻されて居ると見ることが出來る。敎材を兒童に授けるといふことは即ち一定量の食餌をばその兒童にあてがつて之を養育することにたとへることも出來、若くは一定量の荷物を運ばしめるといふことにもたとへることが出來る。即ち時には敎材に鞭を與へ時には兒童を鞭打ちて以て一定の目的を達せんとするものである。既に與へられたる一定の敎科課程に從つて敎材を授けて行く間には、人間の弱點としてその目的が兒童を敎育することにあつたのであるといふ全體的の立場をば往々にして忘却して仕舞ひ、その材料は是非とも處分しなければならぬも

のと固く信じて仕舞ひ、それは敎育の大目的に對する手段であつたことを忘れて仕舞ふのである。換言すれば敎師は所定の敎材を兒童に授けることを唯一の目的とし、敎材を授けることによつて敎育をするのであるといふことを忘れて仕舞つたのである。

その結果は若し不幸にして學力が他の多數の兒童と比較して等質でない兒童があつて所定の敎材を適當に受納して行くことが出來ないものは所謂落第といふ處分を受ける。一ヶ年にしても半ヶ年にしても兎に角學級敎授を行ふたのであるがその効果が無いもの、共に進むこと能はざるものとして、換言すれば所定の敎科課程を修め了らざるものとして取扱はれるのである。

元來年齢と學力との等質を豫想して始めたものであるが學力がその學級の程度に合せざる時には、止むを得ず年齢といふ二次的の等質は捨てても敎材處分の爲には兒童を落第させるといふことになるのである。此の事實は一面に於ては年齢の等質が必ずしも學力の等質を意味しないことを表明したもので學級といふ概念の從來の内包の中に矛盾した要素を含んで居つたことを裏書すること

になるのであるが、それよりも實際敎育上の問題となつたのは寧ろ此の落第といふ事實であつた。

我が國に於ける學業成績調査の方法や、及落に關する校長及び敎員の態度は之を外國のそれ等に比較すると極めて素朴的のものであり未だ落第の多きに苦しむといふ樣な事件には遭遇しては居らぬのであるが、外國に於てはより科學的の方法で調査され、より正直嚴格なる態度で之に對する所から落第といふ事實は爰に學級といふ概念に對して一の大なる疑惑を起させる原因となつたのである。之がやがては學級敎育と個人敎授との問題を起し研究を刺戟することとなつたのである。何れにしても此の學級概念を基礎として敎育を行へばその當然の歸結として同年齡のものの數が一學級以上に上る時には學力の等質のものとだけを集めて敎育すること即ち所謂能力別學級編制といふことが正當のものとして認められなければならぬ。西洋に於ても日本に於ても、敎授とか敎材とか學業成績とかいふことに敏感なる敎育者のあるところには、必ず能力別學級編制の問題が起り屢々實施せられて試みられて居るのは即ち此の從來の學級の概

念を基礎として居るからである。

所謂進級・落第等の事件が學級といふ生活に附き纏つて居るといふこともその根本に於て敎科課程を授くるといふことが學級概念の主眼點となつて居るからであるといふことが出來る。

以上は敎育的の立場から觀たる從來の學級概念の大略である。

二　敎育行政上より見たる學級の概念

次には敎育行政上の立場からして見た所の學級と云ふものは、どう云ふものであるかと云ふことを調べて見たい。行政上の立場からは、先づ我が國の制度を例に引かなければならない、我が國の法規に依れば、一學級と云ふものは、一人の本科正敎員が同時に同敎室に於て授くる所の七十人以下(尋常科)又は六十人以下(高等科)の兒童の團體を指すのである。行政上の立場からは、即ち學校敎育の第一線に立たしめなければならない人、さうして其の第一線の任務を完全に果すやうな資格を備へて居る人、と云ふことが茲に問題になつて來る。

蓋し緒論に於て述べた通り學級擔任者は敎育の第一線に立つ人であり、其の人の一擧一動は國家社會の運命に關係するものが甚だ大きいのである。されば國家が認めて、その任務に堪へる者即ち資格が十分であると云ふ者を配置しなければならぬ。而して本科正敎員は正式の敎員で國家が認めて資格ありとするものである。さうして一度に其の本科正敎員が同時に同敎室に於て敎へるといふことは、行政上の立場からはどう云ふ意味を有するかと云ふと、凡そ國家が國民敎育の組織といふ云ふものを考へる場合には、全國民と云ふものが全國の第二の國民即ち兒童を敎育すると云ふ精神になつて居らなければならない譯である。吾々全體の國民が、此の國に在る全體の兒童を敎育すると云ふ精神にならなければならない、併しながらそれは文字通りに實行することは不可能な方法である。方法としては一人の國民が全國民の代りになつてさうして一人の子供を敎へると云ふことも考へらるゝ。昔ルッーなどが考へたやうな、一人の敎師が一人の生徒を敎育すると云ふやうな方法も成り立つわけであるが、これ亦國家全體としては實行不可能なことである、茲に學校と云ふものを設くることに

なる。さうして學校がある以上は、茲に學級と云ふものが生じて來る。さうして其の學級を擔任する所の一人の敎師と云ふものが出來て來て、所謂行政的の立場からは、國家全體の敎育の精神に適ふやうな、さうして又國家經濟の事情にも適應するやうな編制によつた所の學級と云ふものを考へて居る譯である。茲に特に注意をして置かなければならないことは、行政上の立場からは年齡學力と云ふことを申して居らないと云ふことはどう云ふ意味であるかと言ふと、積極的に此の年齡の違ひ學力の違つて居る所のものを、强ひて一人の敎師が敎へなければならないと云ふことを國家は考へて居る譯ではない、單級とか複式學級とか云ふやうなものは、これは即ち經濟上已むを得ない場合であつて、即ちさう云ふ已むを得ない場合にも學級である以上は、本科正敎員が擔任する樣に極めて置くと云ふことが、これが國家が國民を敎育しようとする精神であるのである。經濟上の理由によりたとひ敎育上よりの學級原理たる年齡學力の等質といふことは實現することが不可能の場合でも而も一學級の兒童數は一定限度を越えしめないことになつて居るのは即ち敎育の徹底を國家が期する所以で

あり、本科正教員でなければならぬとしたのは即ち教育の第一線に立つ人の資格を嚴に守らしめてその効果を徹底せしめようとする精神に外ならぬのである。

第二節　新教育の要求

一　モンテッソリー女史の新教育

次に近代の教育は此の學級と云ふものを如何に考へて居るかといふ問題に移る。先づ所謂新教育と云ふものの聲を一層大ならしめた所の近代教育家としては吾人はモンテッソリー女史を擧げなければなるまい。曾て英吉利の教育學者のアダムスと云ふ人がモンテッソリー女史に問を出した。其の問は即ち現在の學級と云ふものの概念に、餘程關係の深い所の問であつた。曰く「一體モンテッソリー主義の教師と云ふものはどの位の人數の生徒を教へることが出來るか。」と。アダムスも最近迄倫敦大學の教育學の教授であり、堂々た

るプロフエッサーであるが、此の問に對して、モンテッソリー女史は即座に答へた、曰く

「モンテッソリー主義を奉ずるものは決して敎へませぬ、彼等は單に導くだけであります。」斯う云ふ答であつた。何人の生徒を敎へるかと云ふことは、詰り一學級の兒童數を質したので、君等の方針でやれば、一體一學級幾人位で敎へらるるか、これは敎育實際上の大問題で屢々出る問題である。これに對してモンテッソリー女史は、少し脾肉な答をしたのである。尙進んで斯う云ふ答をした、

「それでありますから所謂モンテッソリー主義の敎師と云ふものは、モンテッソリー主義の敎師と云ふよりもモンテッソリー主義の指導者と言はなければならないのであります。」それではどうも自分の尋ねる所の趣意に答へてくれないと云ふ事で以て、アダムスは少しむつとした顏をして居つた。さうすると流石婦人であるから、モンテッソリー女史は言葉を飜して、「いや實は之は理窟でありまして、私は貴下のお言葉にだけ答へたので、其の精神にお答へしやうと思

へば、私は次の樣に答へなければならないのであります。」斯う云ふて流石にアダムスの問に對して逸さない所の答をした、それは「約四十五人の子供の活動に對して責任を持つ事が出來る。」斯う云ふ言葉であつた。そこでアダムスは非常に驚いたのである。何故なれば一體モンテッソリー主義と云ふものは、何處に於ても個別指導・個人教授の主張者であり、さうして英國も亦遍く知られて居る通り個人的の教育を重んずる國柄である。一學級の生徒が四十五人もあると云ふことが宜いと考へて居る小學校教師は殆どないのである。そこでアダムス教授は更に他のモンテッソリー主義の教育者に話して見た、所が其のモンテッソリー主義の教師の話は、「それは別に驚くにも及ばないことである、即ち吾々モンテッソリー主義を奉ずる者は、教材を兒童に教へると云ふ此の『教へる』と云ふことを根柢として考へた所の學級、即ち學級を教授の單位と見、教授をする所の單位として見たところの學級と云ふものは、最早死んでしまつたのであると考へて居る、さうして此の教授をする所の單位としての學級と云ふものが死んでしまつた、其の教授の單位としての學級といふ考へ方が原因となつて種々

の病氣を生じた。而もその病氣は今日非常に漫延して、世界中の教育界を惱まして居るではないか。」斯う云ふ答を聽いてアダムスも非常に考へさせられたと云ふことである。然らば所謂教授の單位としての學級がその存在の意義を失つて死んでしまつたと云ふことはどう云ふ意味であるか。モンテッソリー主義を奉ずるものは、教授の單位としての學級に反對して居る一面に於ては、然らば學級と云ふものを認めないかと云ふに、學級と云ふものは矢張り認める、認めるから四十五人と云ふことを答へて居るのであるが、其の認める意味が違ふのである。どう云ふ意味に於て認めるかと言ふと、即ちティーチングをする意味の學級ではなくして、所謂組織上の單位、オルガニゼーションユニットとしての學級を認めるのである。學級をば組織の上の單位として甚だ有益なものであり、又必要なものであると云ふことを認めて居るものである。言ひ換へれば、學級と云へば何時でも直ちに一團にして教へると云ふことを聯想するからして吾々モンテッソリー主義者は反對するのであるが、若し此の一學級と云ふものを、これを組織上の單位とするならばこれを認めるに吝なるものではない。と

いふにあるのである。

二　個人及び兒童の發見

所謂新敎育の特徴の一は兒童と云ふものを發見したことである。即ち從來敎師の頭腦が無意識の間にだん〳〵兒童から離れて、敎材の方に走つて居つたのを元へ戻して、子供と云ふものが吾々の狙い所の中心であると云ふことに氣が付いたのである。もう一つの特徴は、敎材を授けると云ふことに熱中して居つたのだが、子供を見附けて見れば實は「**敎材を授くる**」のではなくして「**兒童を敎育する**」のであつた。此の「を」といふテニヲハが敎材につくのでなくして兒童に附くのである。兒童を敎育するのであつたと云ふ事が、近代の敎育學者が漸く氣が附いたのであつた。即ち敎師と云ふものは敎材「を」兒童「に」「敎へる」ものではなくして、敎材「に依つて」兒童「を」「敎育」するものである、斯う云ふことに漸く目が醒めて來たのが即ち八釜敷く云ふ新敎育であると言はれて居る。從つて此の敎師は敎材に依つて兒童を敎育すると云ふ立場からは學級は敎授の單

位ではなくして組織上の單位となるのである。

扨て學級を敎授の單位としてこれを考へる場合には、兒童の個性と云ふものは自由に發動することを許されないのである、さうして兒童は一人が只集團的の一體の中に於ける一つの要素として考へられて、個人々々として考へられることはなくなつてしまふのである。茲に從來の學級の缺點が生じて來た、他の言葉を以て云ひ表すならば、從來の概念の學級に於ては個人が團體の中へ溶け込んでしまつて、個人が個人の頭を出すと云ふことは到底不可能になつて來た、これが即ちモンテッソリー主義が從來の敎育に反對する所以であるのである。

然るに近來實際的の敎師、又は見識ある敎育家の間には漸次種々の經驗を積み學術を研究した結果、次の如き結論に到達して居る、若し敎授と云ふことをするにしても個人と云ふものが敎授の單位とならなければならない、若し經濟上の事情で學級と云ふものが必ずしも止めにならないならば、少くとも敎授だけは個人を單位としなければならないと云ふ要求を生じて來た。此の點に關してはモンテッソリー主義者も結局同意見を有して居るのである。

三　スミス、パーカスト及びナン等の個人教授

亞米利加合衆國に於ては、ジエームス・スミスの如きは、如何にして立派なる個人を教育するかと云ふ題目の書を著はして、所謂實驗室的の方法と云ふものを提唱したのである。實驗室的の方法と云へば何人も直に聯想する彼のミス・パーカストの考案したドールトンプランも亦實驗室の方法である。實驗室に於て個人々々が化學や物理の實驗をするが如くに他の學科に於ても個人作業を課するでなければ立派なる個人が出來ないと云ふことを眞先に考へ出したのは、此のスミスである。

英國に於ては、今日倫敦大學の師範部の部長をして居り敎育學の敎授をして居る所の、ナン氏も亦此の主義の人である。ナン氏は英國傳統的の個人主義の哲學の上に立つて將來の敎育は、如何にして此の個人主義の哲學の考へて居る樣な立派な個人を作ることが出來るか、如何にすれば立派な個人が出來るかと云ふことを研究するにあるとして居るのである。最近敎育學に關する著述をし

て、さうして「新しい敎育の向ふ所は理想的の個人を作るにあるのである。」斯う云ふ考を述べて、自らも完全な個人敎育の主義を主張すると同時に、數年來亞米利加からして輸入されたドールトンプランの發展を非常に鼓吹して居る。ドールトンプランの敎科書の刊行書、アッサイメントと云ふものが出來れば、英國の敎育界ではナン敎授の所に行つて批評紹介等を乞ふと云ふ狀態にあるのである。

四　個性尊重運動

凡そ個人が團體の中に沒却して居る事に目醒めたのは必ずしも敎育思想がその動因をなしたのではない。蓋し近來の產業革命は社會上、經濟上、政治上の大變革を誘起し各種の方面に於て個人の位置と云ふものをすつかり變へてしまつたのである。即ち從來の家庭工業に於ては吾々は個人としての特色・色彩・特徵を其の生產品の上に鮮かに發揮することが出來たのであるが、一度產業革命が起つて生產の形式が分業組織となり大工場に於ける大量生產と云ふことになつ

て以來、茲に生産業に從事する人々は、最早個人の特徴を發揮することは出來なくなつてしまつて、唯單に全體の中の一部として働く力を有つて居る所の一個人となつて了つた。力と云ふのは何であるかと云ふと、これは多くの場合機械の力を使用することの出來るやうな力であり、必ずしもその個性と直接の交涉を持たぬのである。從つて機械を以て代理することの出來るやうな力を有つて居れば、工場の勞働者となることも出來ると云ふことになつて各個人はその有する所謂個性とか、人格とか云ふ點に於て認められるよりもその力を有つといふ點に於て認められることとなり、完全なる意味の個人としては認められないやうになつて來た。個人として認められないやうになれば、個人と云ふものが團體の內に沒却するのは當然のことである。從つて個性と云ふものがあつてもそれはなきが如く、遂に個人と云ふものは團體の內に沒却させられてしまつたのである。

産業革命のもたらした此の結果は從來の歐洲のデモクラシーの根本の精神に反するのである、從來は社會上の組織も、經濟上の制度も、政治上の組織も、

皆此の個人といふものの內に唯一の價値を認める所に其の根柢を置いた。然るに今日の如く個人が全體の中に沒却して仕舞つては歐洲の歷史の上に於て力のあつた所のデモクラシー思想でも、又社會制度でも政治組織でも、皆意味をなさなくなつてしまつた。茲に於て飜然としてその本に立歸つて、吾々は個人と云ふものに目を醒まさなければならない、個性の自由活動と云ふものに目を醒まさなければならないと云ふ傾向が出て來て、敎育の方面に於ても個性の尊重個性の發揮と云ふ立場からの新しい運動が起つた。

學級に關係する範圍に於て普通に行はれて居る方法としては、學級の大きさをなるべく小さいものとして、さうして個人的方法と團體的方法とを結合し調和するの必要が認められ、それが一般の敎育界の傾向となつて來た。さうして各々の兒童と云ふものを、一人々々の皆別れ〳〵の人間として取扱ふ時間を持ち得るやうにと云ふ要求が出て來たのである。これは即ち學級と云ふものをば所謂單なる敎授の單位とはせずして、一つの組織上の單位、オルガニゼーションの上の單位と考へるやうになつて來たといふことに歸着するのである。即ち

昔の兒童數五十人のものを三十人にして、一時間の內の凡そ十分位は或一人の生徒と一人の先生とが接觸するやうな機會を有つて居り、一人の生徒と先生が相對して居り、殘りの二十九人の者は別のことをしなければならないと云ふ問題が起つて、三十人の兒童を一全體として如何に組織を立てて個人別の活動をさせるかと云ふ問題が起りこれが學級敎育上の問題になつて來たのである。玆に於て學級と云ふものの槪念が、單に敎授の單位としてのみならず、進んで組織上の單位として認められなければならないと云ふことになつて來た。

五　團體敎育の適否

然らば從來の學級敎授と云ふものは、全然價値のないものであるかどうかといふ問題が起つて來る。換言すれば敎授の單位としての學級の價値如何と云ふ問題が起つて來るのである。モンテッソリー主義の主張者も、亦此の組織上の單位として學級を認めなければならないと云ふ論者も、皆此の學級敎授、團體敎授――團體敎育と云ふた方が解り容易いと思ふのであるが――に反對をする

のであるが、併しながら之が果して最も適切穩健な態度であるかどうかと云ふ事は、餘程問題になつて來るのである。所謂團體敎育には團體敎育の利益と云ふものがこれに伴つて居つて、適當なる條件の下に於ては惡い影響を與へないのみならず、價値ある敎育上の効果を齎すのである。即ち團體敎授は或學科に就いては害が無いのみならず却つて大きな團體の方が敎育上の利益があると云ふ事實があるのである。例へば敎師が或一團の兒童の全體に對して非常に精神的の靈感を與へやうと云ふやうな場合即ちインスピレーションを與へようとする場合、これを非常に小人數に限定するがよいか、相當に大人數の學級にするがよいかと云ふ問題になると、寧ろ學級は大きい方が其の目的を達するに都合のよい狀態にあるといふ場合が非常に多い。彼の宗敎上の大會合と云ふやうなものの如きは、此の事實をよく證明して居ると思ふのである。又高德の僧侶が大きな演壇に立つて、善男善女を相手にして話をするときに――成程個人々々別にお說敎をすると云ふことにも特徵があつて、其の方面に於て効果を擧ぐると云ふことは、又其の方面の効果があるのであるが――坊さんが千人も二千人

ものの聽衆の中に立つて、全體の人の渴仰の中心になつて熱情を込めて說敎すれば聽衆は一人一人で說敎を聽くよりはその感動も一層深く一同が淚を流して聽いて居ると云ふやうなことは、宗敎界などに於ては屢々あることである。宗敎の外にも、文學美術の鑑賞、音樂の如きは矢張りさうであらうと思ふ。地理歷史の或部分の材料の如きも、小さな團體よりも大きな團體の方が、より多くの敎育的の又精神的の効果を齎らすことがあると云ふ事は、これを事實として認めなければならない。ヘイウォードと云ふ心理學者は、所謂情緒的の要素、情緒若くは感情的の要素が重要なる位置を占めて居る學科に於ては、大きな學級の方がその結果はよいのであると云ふことを主張して居る。而してヘイウォードは仕事の內容が、鑑賞的の敎授或は儀式と云ふやうなものに近い所のものならば、尙更さう云ふ影響があるのであると云ふことを論じて居るのである。今日敎育界に於ても、矢張り儀式と云ふやうなものが行はれて居るのであるが、これに近い所の傾向と云ふやうなものも矢張り現はれて居るのである。眞實の儀式ではないが、幾らか儀式的の形を採つた敎育活動と云ふやうなものはよく

あるのである。一人の校長が全體の兒童を一堂に集めて、さうして一場の訓話を行ふと云ふ如く、一人の人が多くの人を一團として扱ふ場合には、縱し其の校長の云ふ事が最も幼稚なる尋常科第一學年の兒童にまで知的方面に於て理想的には徹底しないにしても、他の方面に於て教育的の影響があることを認めざるを得ぬ。即ち情緒的の或は意思的の方面の活動に於て、それだけ集つた兒童に一定の教育的影響を與へると云ふことは考へらるるのである。此の點に於て、ヘイウォードが所謂情緒的方面の活動、影響に就て、大衆と云ふものゝ必要を說いた點は正鵠を得て居ると思ふ。所謂民衆運動或は暴動と云ふやうなものは、實に豫想外の力を其の團體の中に在る一人だけの力に依つて起すと云ふことがあり得るのである。又實際もあるのである。若しその人數を一定の少數に限つたならば、恐らくさう云ふ力は出て來ないであらうと思ふのである。

新教育は從來の主知主義に偏したる教育を改めて情意にもその正當の位置を與へんと努むるものである。此の立脚地から學級と云ふ團體を如何に考へたならば適當であるかと云ふ問題が茲に起つて來るのであるが、此の點に於て學級

は一齊的に印象を受くる團體として考へらるゝと同時に或仕事と云ふものを指導されるところとして考へるべきである。舊教育に於けるが如く教材を兒童に授くる所としての學級と云ふものも、吾々はこれを認めなければならないが、之と同時に相當の人數の者が相互に共同して仕事をなし人格相互の影響を受け又は非常に印象的の人格と接觸をして、さうして刺戟を受ける所の機會を與へるところとしての學級を考へると云ふことも、必要なことである。此の意味に於て學級は相當の多人數を抱擁し相互に差異のある人格と人格との交渉が行はれ教師と此の多人數との間にも多人數の故に行はれる樣な人格的交渉を得させるところでなければならぬ。

六　個人教授の長所

小さな學級をよいとすれば、どう云ふ立場で以て小さな學級をよいとするかと言ふと、例へば今日の教育界によく行はれて居る所の試驗の準備をすると云ふ事、他の言葉で云へば、其の學級が書取作業・實習的の作業等の如く教師の世

話を多く要求するが如き教授に限つては、慥に學級の小さい方が宜しいのである。又訂正檢閲等の仕事が教師の側に多いときには、學級が小さければよいと云ふことは當然のことである。此の方面からいふならば學級と云ふものは、英吉利の例で申しますと、中學に於ては二十五人、小學校に於ては四十人を以て現狀に於ては理想に近いものとされて居るのである。併しながら實際教授に於て個人教授の方法によつて受くる利益が甚だ多いと云ふやうなことは、これ亦何人も認むることであるが、人數の少い學級と云ふものよりも、尚一層徹底的に行けば、個人別教授即ち個人對個人の教授が適當であると云ふことになる。例へば大都市に於ては今日入學難の問題が起つて、さうして入學準備と云ふことが行はれて居るのであるが、其の入學準備の實際を見ると、矢張り昔ルソーが考へたやうに一人の教師が一人の生徒を教へる、教師對生徒が一人對一人と云ふ單位で働くと云ふ場合が多いのである。然らば此の點は、どう云ふ意味に於て教育的の効果があるかと云ふことを研究して見るのも亦必要なことであるが、其の學業成績上の利益と云ふものは、到底學級教授の比較にならないと云

ふ點迄主張して居る人もある。

凡そ一人の生徒を相手にする教授の利益を分析して見るならば第一、其の兒童を詳細に研究することが出來るのである、其の子供と云ふものを各種の方面から詳しく研究することが出來る。殊に心理的調査が容易く行はれる。

第二、從つて各學科各項目に於て如何なる缺陷があるか、如何なる方面から這入つて行けばよいかと云ふことを容易く知ることが出來る、此の子供にはどう云ふ方面から近づいて行けばその教授に於て成功することが出來るかと云ふことが、容易く分ることになる、所謂教育的診斷が容易に行はれる。

第三、從つて實例を擧げやうとする場合に其の子供に最も適切なる實例を擧げることも出來る、即ち最も適切なる對策を施し處分を行ふことが出來る。

第四、其の子供の誤りを豫想する場合に、どんな誤りをするであらうかと云ふことを豫想すると云ふことも容易に行はれ從つて之に對する豫防策を講ずることも適切容易になる。四十人、五十人等の多數の兒童に於ては、個別的に其の誤りを豫想すると云ふことは困難であるが、個人教授に於ては此の豫想を確

實にすることが出來る。

第五、刺戟を與へるにしても、大勢の者に與へる刺戟の塲合には其の狙ひ所が確實でない。先つ一つ中位のものを標準にして刺戟を與へるのであるが、個人教授になると云ふと、茲に有力なる刺戟を適切に應用することが出來る。所が其の反對に學級を全體として取扱ふ塲合には、教師の與へる實例や、說明や、刺戟は全兒童の中の一小部分に適切有効となり得るのみで、時には何人にも適切でないといふことすらもあり得るのである。蓋し團體教授に於ては教師は全兒童の平均のところ中間位を狙つて教授するのであつて所謂平均といふものは實際に於て一人もあり得ないこともあるからである。

七　一齊教授の利益

凡そ力ある個人を養成する即ち力と云ふものを個人に持たせると云ふ目的のためには一人の教師が一人の生徒を取扱ふ塲合には、最もその目的を達し易くその長所を發揮させることが出來る。自由教育の實際に於て、一般に成程と感

せられる教授は何であるかと云ふと、何人にも肯かれると云ふことは、「あの學校の生徒は力がある、學力がある、これはあの方法が有效である慥に認めなければならない。」といふことである。當局者も、一般の人も、又教育實際家も相當に之を認むるであらう。併しながらこれは個人を力の所有者としてのみ考へたる教育であつて、力のみが教育の全體では無い。教育に他の部面があると云ふことを吾々は考へなければならない。其の他の部面は、即ち從來古いとして考へられて居つた所の學級の教授と云ふものに、有力なる長所があると云ふことを吾々は考へなければならない。學級教授に於ける長所と認むべき點は、第一は團體の作業刺戟と云ふものが與へられるといふことである。即ち共同團體として一致協力して働く、働くと云ふことは何であるか、それは一定の力を得る爲に働くといふ目的をも含んでは居るであらうが、併しながら團體教授として狙つて居り又團體教授でなければ達せられぬ最後の目的は吾々が相互に手を携へて働き得る人間となると云ふことである。

第二には模倣及び創作の有力な刺戟になるのである。從來の團體教授に於て

は教師の手を餘り多く用ひずして創作の刺戟を與へると云ふことをよいこととし殊に創作教育の主義の上に立つ人は模倣と云ふことを外道のやうに見傚すのであるが、今日の心理學の說く所は、模倣と創作とは別々に働くのではなくして、模倣のある所に創作があり、創作のある所に模倣があると云ふのであつて吾々が頭で以て分析的に考へて模倣と創作を區分する程、事實に於て區分して行はれるものではないと云ふことは明かである、從つて團體教授は模倣及び創作を刺戟するに有利なる立場にある。

第三には、同一の內容を種々の樣式で表現する機會が出來るから、學級中の種々のタイプの心を授業時間中に適宜達成させることが出來る、教師は緊張しなければならないが、各々の兒童は其の益を蒙つて結果が相當に宜しいと云ふ効果がある。以上の諸點は、團體教授と云ふものゝ有利なる點でなければならない。それ故に個人教授の眞の利益の點があると云ふことを承知しつゝも、今日多數の經驗ある教師は、矢張り學級全體の兒童を教授し指導する者としての教師たることを不滿に思つては居らぬ。

今日新しい傾向として學級敎授の上に現れて來たことは、學級に於ける團體活動が、ある時は集合的となり、ある時は分散的となる、而もその分散する時を從來よりも多く增すと云ふ傾向である。これと同時に一旦分れて散り〳〵ばら〳〵になつて活動したものを、復再び集合して一團として活動させると云ふ機會をも從來よりも多くする傾向が生じた。即ち個人に徹底させた上に社會活動も增さうとするがためには分散の度數も集合の度數も從來よりも一層多くする。それが爲に敎師の側に要求せらるゝ事は其の集合分散の力を決して失はないやうにするといふ事である。換言すれば敎師の組織者としての力を期待する譯である。例へば時間の經濟と云ふ點のみから見ても、同樣の過誤を多數の兒童がすると云ふやうな時には、直ちに集合を行つて一般的に指導をすると云ふことは最も有効なることである。

之を要するに、敎授の單位としての學級と云ふものは、彼のモンテッソリー主義の敎育家が稱へるが如くに全然價値を無視すべきものではなくして、吾々は相當に其の價値を有つて居ることを認めなければならない。それと同時に將

來の學級の教授と云ふものは、主として教授單位としての學級と云ふことに止まらずして、進んで此の組織の單位としての學級と云ふものを認めて、組織上の單位としての學級と云ふものゝ研究に移つて行かなければならないのである。

新教育は、從來の學級の概念即ち教授上の單位としての學級と云ふものも認めるけれども、より以上に組織上の單位としての學級を認めるやうになつた。そこで所謂組織上の單位と云ふことは、茲で一寸注意をしなければならぬと思ふことは、從來の學校管理法教育行政に於ても、學級と云ふものは學校組織上の一單位であると云ふことは、屢々言はれたことである。それは編制上の單位と云ふ意味に於て、組織上の單位と云ふことを申したのであつて、學校の全體の兒童を一度に敎育することは出來ないからして、學級と云ふものを編制して、さうして一學級・二學級と云ふものを作る、斯う云ふ意味から、所謂編制上の單位と云ふ意味を以て組織上の單位と云ふ言葉を使用し、他の學級と自分の學級との間に有機的の關係があつて、全體は一體をなすものである、學校は有機的の全一體をなすものであると云ふ意味を、學級は學校組織上の一單位であると

云ふ風に考へたのであるが、吾人は勿論此の意味をも閑却するものではない。併しながら茲に所謂組織上の單位と云ふのは學級をば有機的の統一體として活動させ仕事をさせて行かなければならない一團と見るのであつて一教師の下に一緒になつて教授を受ける一團體といふ意味ではない。從つてその學級の成員相互の間に何等有機的の關係が成り立たず只々個人を多く寄せ集めた寄木細工様の塊りであつては組織上の單位としての資格はないことになるのである。

八　何の爲の組織か

然らば所謂組織と云ふものは何のための組織であるか、教授をするための組織であるか、それとも他の利益のための組織であるかと云ふことは、當然問題になることであるが、既に述べた通りに、組織上の單位としての學級を認めると云ふ以上は、單なる教授を施す上の必要から學校の中に色々の組織即ち學級といふものを作ると云ふ意味ではなくして、其の他の必要があつて學級を組織統制あるものとするのである。所謂他の必要とはどう云ふものであるかと云ふ

と、曩に新教育は個人及び兒童と云ふものを發見したといふ事を明かにしたが、之と相並んで今一つの發見は、學校生活や學級生活が實に重要なる社會生活であるといふ事である。而して教育上此の社會生活を重視すると云ふ立場に新教育は非常に重い意味を有つて來たのであつて、茲に所謂組織上の單位としての學級の意味が新に生じて來た。即ち學級は社會生活の爲の組織でなければならない。從つて學級を組織する者は相互に社會生活をなし易き者でなければならぬ。もう一つは吾々の教育を行ふ施設たる學校と云ふものは、學習學校ではなくして作業學校でなければならない、といふ立場に立つた近代の教育思潮に依れば、學校は教師が教授をして生徒兒童が學習をすれば能事終れりとする所であるとするの所謂學習學校の非を悟つて、作業學校としなければならないことゝなつた。斯う云ふ立場に立つて來たのである。然らば如何にして作業と云ふものを行ふか、作業も若し從來の如くに個人々々の力を伸ばすための手段方法として考へるならば、別に研究を要しないのであるが、社會生活を重視した教育と云ふものを實施しつゝ、さうして又作業の方法に依つて學級の教育を施し

て行かうと云ふ立場になると云ふと、即ち作業と云ふものは個人作業と云ふものよりも尙一層進んだ意味の共同作業の形とならなければならぬ。即ち共同作業の場所としての學級、共同作業の團體としての學級といふものを考へ之を適當の形を以て實現するでなければ、新敎育の要求には合はないことになつて來たのである。之を約めて申すならば、新敎育はその方法に於て社會生活を重視しなければならないやうになつて來た。社會生活を重視するためには、學級の敎育は多少從來と變つた所の形の敎育をしなければならぬ。即ち學級は社會生活のための組織を考へなければならないと云ふことになつて來た。而もこれがためには共同作業の方法に依つて生徒の生活を指導するの必要を生ずるのである。

九　獨逸に於ける敎育改造運動

所謂社會生活の爲の學校及び學級の概念は、最近に於て獨逸の實驗學校に於て最も著しく其の特徵を實現して居るのであつて、獨逸の實驗學校は、之を獨

逸の言葉で云へばゲマインシャフツ・シユーレといふて居る。ゲマインシャフツ・シユーレと云ふのは、其の名前が之をよく現はして居るのであるが、順序として一通り説明するならば、獨逸は戰前より舊教育では滿足が出來なくなつて、さうして何とかして此の教育を改造しなければならないと云ふ思想が盛んに起つて來て居つたのである。其の思想の根本の起りは、獨逸のうちでも最も自由な國であると云はれて居る所のハンブルグに於て、小學校の教員の頭に此の考へが浮んで來たのであつた。今その由來を調べるならば、一つは從來の獨逸教育と云ふものはあまりに組織が立過ぎてしまつて、即ち細かい所迄も法律命令規則等で以て規定されてしまつて、小學校教師は自分の人格を自由に發揮する所の餘地がなくなつてしまつた。規則が非常に窮屈に出來てしまつて、どんな優秀な教員でも、最早自分の個性を發揮して教育をするやうな餘地がなくなつてしまつた。もう一つは、獨逸の從來の教育學は即ちヘルバルト主義の教育學であつて、自ら主知主義の教育が行はれて居つた。從つて獨逸の國内に行はれて居る所の教育を眺めて見ると云ふと、一般に理智的の傾向が最も著しく現は

れて居るのであつて、人間を理智的の動物にすると云ふ事に於ては非常に優秀であつた。併しながら社會の一員としてお互に生活を樂しんで行く所の社會人と云ふものを敎育する上に於ては、大いに缺陷がある、これを改造しなければならぬ。即ち一つは主知主義の敎育を改造して全人主義の敎育としなければならぬ。もう一つは、敎育制度と云ふものをもう少し緩やかにして、さう細かい所迄一々規則づくめで行かないやうに改造するのが獨逸敎育の進歩であると云ふので、ハンブルグの小學校敎員團は從來からいろ〳〵研究をして居つたのであつた。簡略に申しますると、自由書・自由作文の問題などは旣に千八百九十年代に於て其の問題を解決して居つたのである。併しながら自由書とか自由作文と云ふ問題は、敎育と云ふよりは寧ろ敎授に屬する問題であつて、なか〳〵先に述べた樣な主知主義の敎育を改めるとか、敎育制度の非常に細かい所迄極つたものを立て直すと云ふ大問題を、圖書や作文の敎授で解決したとは云へなかつたのである。茲に尙一歩を進めて、さうして大きな敎育改造運動を起した、即ち藝術敎育の運動と云ふものがそれである。獨逸に於ける藝術敎育と云ふも

のは、音樂・繪畫・文學斯う云ふやうなものを以て人間に於ける人間味と云ふものを發揮させるでなければ、單に理智ばかりの教育をしたのでは社會人としての要素が缺けて居ると云ふ立場から、既に教育されて學校を出てしまつた成人を、此の小學校教員の力で以て藝術教育によつて教育のし直しをやらうと云ふので或は夜間、或は日曜日、或は平常の日の午後と云ふやうな、自分達の學校の時間の自由な時に、或は劇場に行つたり、或は音樂堂に行つたり、或は美術館に行つたり、或は又自分達の學校を開放したりして勞働者の教育に從事したのであつたが、これはあまり成功をしなかつたのである。それで斯う云ふ既に出來上つた人間を小學校教師の力で以て教育するよりも、寧ろ將來の國民となる所の人間の教育を根柢的に誤らないやうにすることが必要ではないか、それには吾々は小學校教師の本務とする所に向つて突進する必要がある。斯う云ふ立場から遂に此の實驗學校と云ふ考へを生み出したのである。

從來の法律や制度、命令と云ふものに囚はれた所の其の教育は、吾々は十分してしまつた、其の結果はどう云ふものであるかと云ふことも分つた。玆に於

て眞に獨逸の教育制度を改造するには、吾々は眞に兒童と云ふものゝどう云ふものであるかといふことを體驗する必要がある。眞に獨逸の子供と云ふものはごんなものであるかと云ふことを體驗する必要がある。さうして自分等が獨逸の小學校の教員である以上は、其の體驗を要求する權利があるではないかと云ふことを言ひ出した。即ち眞に獨逸の子供と云ふものは何であるかと云ふことについて、小學校教師が體驗がないと云ふことはこれは濟まない。其の體驗をさせて貰ふと云ふ權利を吾々は有つて居る。これを當局に向つて要求しなければならぬ。而して此の體驗を得るの道は從來の學校の型式においては拓かれない、こゝに實驗學校を新たに作り出して、此の學校を從來よりも一層自由な生活型式にして以て兒童の何者なるかを體驗しなければならぬこいふ主張であつた。

一〇 實驗學校の概念

されば此の意味の實驗は、甞てハンブルグの大學の教授のモイマン等が唱へ

た實驗教育學の實驗とは異なつた意味を有つてゐる。即ち數量の上でいろ〳〵の統計をして實驗の結果を判斷するといふ樣な嚴格の意味ではなく之とは餘程性質の違つた意味の實驗學校である。之れをフエルズーフス・シユーレといつて、エクスペリメンタールと云ふ言葉を使はない。此の實驗學校に於ては所謂教科課程、既に定められて居る所の一定の教科課程と云ふものからして解放さるゝと云ふことが一つ、もう一つは所謂時間割を定めて學科課程を順次に施して行くと云ふ、其の時間割と云ふものからして自由に解放されたいと云ふ事、此の既に定つた所の學科課程と云ふものと、毎日の時間割との制裁を受けないで、それから脱却して眞の子供にぶつつかつて見て、子供の眞の要求は何であるか、子供そのものは何であるかと云ふ體驗を小學校教師が得るでなければ、將來の獨逸の教育制度をどうしていゝか分らない。それに依つて吾々は將來の獨逸の教育制度を考へる材料を獲得したいものであると云ふのが即ちハンブルグの小學校教員團の要求であつた。其の要求條項を極めたのが千九百六年であつて、爾來教員團は或は公に或は私に諸所方々へ宣傳をなし、示威運動をした結果、

漸く認められたのが千九百十三年であつた。即ち七年の間、随分辛棒強く運動をやつて居つたのである。其の辛棒強い運動の結果、ハンブルグの教育官憲はこれを認めて、成程小學校教師の云ふ事は尤ものことであるといふことになつた。勿論初の内はそんな學科課程の規定から自由になるとか、時間割を自由にするとか云ふのは以ての外である、當局として寧ろ一層嚴重に監督しようと云ふやうな反對の結果を得たのであつたが、とう〳〵七年間かゝつてハンブルグ小學校教員團の要求が容れられて、來年即ち千九百十四年から此の實驗學校を開始しようと云ふ相談になつて居つたのであるが、之が實現される年は大戰が行はれた年であつて、とう〳〵水泡に歸してしまつた。それでも大戰中常に此の考へは沒却しないで、何時か機會があつたならばこれをやるでなければ獨逸の將來の教育は立たないと云ふ自信があつた。千九百十八年大戰が治まらうとする時に、ハンブルグ小學校教員團は、復小學校教員の決議を以て官憲の方へ交渉したのである。次で革命が起つて、革命の結果は低いものを高く上げよと云ふモットーが尊重せられ、教育行政の當局者にも低いもの即ち教員の内から

も出ることゝなつた。されば小學校教員團の前の要求をよく諒解させることは一層容易くなり、さうして又戰前にもう始めようといふ處まで進んで居つたのであるから直ちに諒解が出來て、千九百十九年の四月から實驗學校と云ふものは始まつたのである。但しそれには條件がある、即ち學科課程と云ふやうな、從來長い間教育學者が研究して、斯う云ふ材料を斯う云ふ樣に配列したがいゝと云ふことが極つて居るものを、それをそれから解放せよと云ふのであるから容易なことではない、故に愼重にやらなければならないと云ふことになつて、それがためにはハンブルグの教育課の方で校長を特に選んで、又教員も特に選んで、即ち自由を與へて其の自由の責任を負ふことの出來るやうな校長教員を選んで、此の實驗學校を實施したのである。

實驗學校に於て學科課程から解放さるゝとすればどう云ふ處にその毎日の教育の根據をおくかと云ふ問題は豫てから教員團の方で研究されておつた。即ち仕事の計畫、殊に共同作業主義でやることゝなつて居つた。蓋し從來より獨逸の教育界に於てはケルシエンシユタイナーの教育主義が信奉せられて居つて、

大學でどう云ふ哲學的教育學が行はれやうと、ケルエンシユタイナーの教育思想は常に教育實際家の頭腦を支配して居つて動かない。作業主義とは如何なるものであるかと云ふことになると、作業と云ふ細かい所に行くと議論が違ふのであるが一般に書物の學校を離れ學習學校を脱却して、さうして人間の手を以て社會の共同の利益のために貢献をする、手を働かせて社會公共の利益のために盡すと云ふ形の作業學校は、ガウデイツヒの自由精神作業主義を除けば何人も一致して居る所の點である。さう云ふ主義に依つて、所謂共同的の仕事の計畫に從つて實驗學校を實施したのである。試みた結果は、千九百二十二年即ち滿三年の後に報告が出たのであるが、其の報告の中には面白い事實が出て居つて、これこそ眞實に獨逸の小學校の子供と云ふものゝ、何物であるかと云ふことを現はすに足るものが出て來たといふて誇つて居る。其の一例は、これは私も雜誌などへ出して置きましたから諸君も御承知でありませうが、此の教師兒童の間の關係と云ふものが、從來はオーソリチー、權威と云ふものに服從すると云ふ關係で成立つて居つたが、此の新しき實驗學校の方針に從つて數年間や

つた結果は、非常に面白い關係が出て來た。此のハンブルグのある實驗學校の尋常六年の學級の女の先生が將に分娩期に近づかうとして居つた。ある日尋常六年の女生徒が校長の所へ來て、校長にお話を承りたいと云ふた。校長は何事かと思つて聞くと、「先生私の方の學級の先生は、近い内にお産をなさるやうであるがさうでありますか。」と問うた、校長は「其の通り」と答へた、「さう云ふお産をするといふやうな時に、どうも生徒が非常に頑張つて、さうして先生を始終いらいらさせて先生の神經を昂らせると云ふ事は、先生の爲にいゝでせうかどうでせうか。」「それはよくない、」「それからさう云ふ時にいらいらさせるやうな事を長く續けて置くと云ふと、生れて來る所の子供はどう云ふ子供が生れて來るか、恐らく良い子供は生れて來ないであらうと思ひますがどうでせうか。」校長も中々老成した事をいふと思つたが、兎に角自分の學校の生徒がさう云ふことを言ふのであるから、「それはさうである、其の通りである。」と答へた。さうすると、「私の方の仲間に五六人ばかり非常に意地ッ張りがありまして、毎日學級擔任の先生のお叱りばかり蒙つて居る、先生は毎日青い顏をしてさうして

子供を折檻しなければならぬ、斯う云ふことを此の先生にやらせると云ふことは私共として濟まないが、どうかよい方法はないでありませうか。」之はどうも校長も、仕方がないからして、「お行儀をよくしたらよいではないか。」といふても生徒は滿足しない。終に校長は、「まあよく考へて見たらよからう。」といふことになつて生徒は學級へ歸つて行つて學級の全體の生徒と相談をした、其の相談の結果を復持つて來た。さうして、「これは學級全體の者の希望でありますから校長先生にお願ひいたしたい、どうしても私共は先生をもう少し樂にさせてあげなければならない、それには今の此の五人か六人の意地つ張りの子供を、先生のお產が濟む迄他の學級の方へ預けて頂きたい。」と云ふのである、これは實に奇想天外でありまして、校長も吃驚りしてしまつて、成程これは面白いことを子供は考へるものであると云ふ風に考へて居りましたが、併しながらこれはよく考へて見ると、從來とても斯かる場合には、規定があつてそれに從つてやるのであつたが、今日はまあ餘程此の學校は實驗學校で自由であるからと云ふので職員に相談をした。職員も相談の結果は、「それはどうも社會的生活と云

ふものを通じて、さうして立派な社會の人間を作らうと云ふ立場に立つて、作業主義に依つて教育をして來たところの其の當然の結果、子供がさう云ふ風なことを考へ出したのである、これは吾々の實驗的の教育の方針が成功をした結果であつて、さうして子供の良い性質を發揮したものではないかと思ふ、さう云ふ意味に於て子供の良い性質を發揮したものならば、子供の願は聽屆けてやるのが適當ではないか。」斯う云ふ議論になつて、校長もそれに賛成をして、さうしてそれでは今六年生が云ふ通り暫く誰々の學級で預かる。斯う云ふことになつたのである。これは單なる一例に過ぎないが、此の學級生活をして居る所の教師も生徒もが、互に社會の人として健全な人間になるやうに形作られつゝあると云ふのが、此の實驗學校の精神で、教育上の方針であるのであつて、必ずしも學科課程に從つて人間の德は斯う云ふ風にしなければならないと云ふ風には教へないけれども、彼等は日常の生活、日常の經驗に依つて、隣人を愛し、其の隣人に同情を表することを會得し、其の仲間と云ふものに共存の原理が行はれて居ると云ふことを體得して來つゝあると云ふことが、これに依つて證明

せらるゝのである。所謂社會共存の原理などゝ云ふことを口で以て言ふよりも、體驗に依つて會得させて行くと云ふことが、此の學校に於て行はれて居るプリンチップである。

一一　ゲマインシヤフツシユーレ

さう云ふやうな譯であるから、獨逸の實驗學校と云ふものは一般の社會の評判も非常によくなつて、公の名前は實驗學校、フエルズーフス・シユーレと云ふのであつたが、其の保護者及び子供が學校に對する態度や、其の行はるゝ敎育の內容に依つて、保護者の方からして、所謂實驗學校と云ふのはあまり官僚式の學問的の名前であつて、吾々にはどうも分りがよくない、だからこれは一つ吾々の呼びいゝ名前にしてもらひたいものである、さうして名實適つた名前で吾々が學校を呼べるやうにして貰ひたいものであると云ふ考へからして保護者は、所謂先に述べた所のゲマインシヤフツシユーレと云ふ名前で呼びたいものであると云ふことを言つて來た。これ亦生徒の自發と同樣に保護者の自發であ

る。其の結果校長が皆寄り集つて茲に會合を催して、斯う云ふ譯であるがどうしたらよからうかと云ふことを協議をした。さうすると大多數の校長は、それは非常によいことである、吾々が將に云はんとして居つた名前を附けてくれたのである、差支ないではないかと云ふことになつて、そこで將に極らうとする時に、若い教員の一團が起つて、吾々はまだ實驗中のものである、さうしてまた吾々の理想と云ふものはまだ十分に發揮されてゐない、成程保護者の云ふゲマインシャフツ・シューレと云ふのは、社會學校若くは同輩學校若くは共存學校と云ふやうな意味で、共存の原理が行はれて居る學校と云ふ意味で、即ち仲間が共存して居る、同僚が共存して居ると云ふのでよいにはよいが、吾々の抱負の全般をこれで以て全うしたものと云ふことは出來ない、まだ吾々の活動には將來があるのであつて、此の將來に對してゲマインシャフツ・シューレと云ふ名前で限定してしまふと云ふことは、甚だ遺憾なことである。斯う云ふことで非常に議論を戰はした結果は、遂に少數の人の主張が、それでは條件として保護者のいふところのゲマインシャフツ・シューレと云ふ内容をもう少し深めて、さ

うして贊成することにしやう、ゲマインシャフトと云ふのは、敎師生徒相互に仲間同志の關係に立つことで、生徒から云へば先生と同輩者の關係に立ち、先生から云ふても敎師と生徒とは共存すると云ふ意味である。唯それだけの單純な意味でなしに稍々深い意味にする必要を認め、だん〳〵研究して見た結果、老校長も若い敎師も皆贊成する意味として、玆にゲマインシャフト即ち社會と云ふものに三つの要素が出來て來たのである。其の一つは、共に負擔を分つと云ふことである、これは他の言葉で云へば「世は相持ち」と云ふことである、即ち共存と云ふことであつてゲマインシャフツ・シユーレは敎師も生徒も共存の原理の行はれて居る社會生活をすることゝなるのである。第二は、此のゲマインシャフツ・シユーレと云ふものは敎育的の學校である。敎育的の學校と云ふのは即ち今更斷る必要もないが、從來の學校は先に述べた通りに、主知主義の學校で敎授の學校に陷りつゝある、敎授の學校と云ふものにだん〳〵獨逸の學校が成り下りつゝあるから之れを敎育の學校に戻さうと云ふのが新敎育の運動の精神であるから、此の學校はこれを敎育學校としなければならぬ。所謂敎育學校

とは何ぞやと云へば、全體の安寧幸福のために、利己的の要求や慾求を抑へ附けるやうな習慣を養ふ學校である。社會の安寧幸福のために、利己的の要求や慾求を抑へ附ける習慣を養ふ所が、此のゲマインシャフツ・シューレであるとする。第三の意味は、以上二つのプリンシプルをば口の先で說敎をして納得させるでなくして、毎日々々新たに體驗させることに依つて此の目的を達する。毎日お極りの文句で以てお極りの本を擴げてやつて居つたのでは、さう云ふ體驗と云ふものは得られないが幸にも從來の敎科課程や時間割から自由になつて居るから、今日も斯う云ふ事件が起つた今日も亦斯う云ふことが起つたと云ふので、作業によるいろ〳〵な體驗をする機會が生じて來た。それであるから、敎師は口舌によつて說敎をするでなくして毎日新たに體驗せしむることに依つてと云ふたのは、他の言葉を以て云ひ表はすならば、敎師と生徒と云ふものゝ同輩の關係にある共存の原理を體驗させ又社會全體の爲に利己的傾向を抑へる樣な習慣を養ふてあることが即ちゲマインシャフツ・シューレと云ふ名前の起る所以である。斯う云ふ三つの要素を、若しゲマインシャフツ・シューレーと云ふ言

葉の中に含めるならば、敎育者としても贊成しても宜しいと云ふ決論になつて、それで小學校々長會はこれを認めてしまつたのである。爾來千九百二十二年、乃至千九百二十四年とだん〳〵續いて居るのであるが、今日では此の公のフエルズーフス・シユーレと云ふ名前は役所の方で附けて置くのであつて、敎員でも保護者でも皆ゲマインシヤフツ・シユーレと云ふ名前で呼んで居る。

此の運動は單にハンブルグのみならず、ブレーメン自由都市にも移り、伯林にも移り、南方のストツクガルト方面にも移り、現に今日はゲマインシヤフツ・シユーレと云ふ名稱で行はれて居るのであつて、此の意味は他の言葉で申しますならば、社會生活を尊ぶ敎育と云ふことであつて、茲に學級敎授と云ふものに新なる精神を要求するに至つたところの劃時代的の運動、實驗となつて來た。即ち學級は嚴肅にして充實したる意義に於ける社會生活をする所である、斯う云ふことになつて來て一面に於て學科課程からは自由になると同時に他の一面に於ては社會生活を營むと云ふ要素が非常に著しくなつて來た。

一二　パウルゼン氏のゲマインシヤフツシユーレの概念

伯林の市の小學校に於ても、亦此の意味の實驗學校を始めやうと云ふことになつた時に、學務課長であつた所のウヰルヘルム・パウルゼン氏が、これを小學校ばかりにせずして、中等學校を合せて九つばかり始めた、之が千九百二十三年である。即ちハンブルグよりも四年ばかり遲れたのであるが、ハンブルグの成績に鑑みて之を移し植ゑたのである。其の時パウルゼン課長が、校長及び小學校教員を全部一堂に集めて演說した所の、所謂實驗學校を始める趣意と云ふものゝ内に、此の社會生活の根本精神がよく云ひ現はされて居るのである。で其の意味を紹介して、さうして所謂何の爲の組織であるか、何の爲の社會生活であるか、一體社會生活とはどんなものであるかと云ふ事の理解の參考に供したいと思ふ。パウルゼン氏は曰く。「學校若くは學級をば一個人の利益、又は功名心の一つの手段と考へる從來の考へは誤りである、と云ふのは個人が立派に學問が出來る樣になつたり、それから成績が一番になつたとか、品行が甲だと

か學業が甲だとか、さう云ふやうな一つの優劣を競ふ活動の塲所として學校を考へるのは誤りである。學級をば競爭試驗のために互に競つて居る個人、其の個人を兎に角一致させて一團體として進んで行くところと云ふやうに見るのも、これ亦大なる誤りである。これは昔の敎育のやつたことである、互に競爭はして居るが兎に角それを表には出さないで、お互にいゝ加減に、妥協して仲よくしようではないかと云ふので、裏には非常に競爭心や功名心が働いて居りながら、兎に角一致して居ると云ふやうなものが從來の學級であつたが、これ亦宜しくない。學校も學級も一つの社會である——此の學校も學級も一つの社會であると云ふのはさう珍しいことではないが、それを認めた意味が深いのである——さうして其の内に於て總ての人が——總ての人と云ふ樣な所に力を入れて居る——即ち一人の除外例なしに、總ての人が「生活」と「仕事」とに於て結び附いて居ると感ずるやうな社會即ちゲマンシヤフトである、これが學級及び學校が社會であると云ふ意味である。繰り返して言ふならば其の社會の中では例外なしに總ての人が、その團體の生活と仕事に於て結び附いて居ると感ずること

が出來るやうな社會である。即ち共同して何か仕事をする時に、あれは自分は面白くないからやらないでもいゝと云ふ樣な人が一人でもあつたならば、それは此の要件には適はない。或は又自分は今やつて居らないのであるが、あの仕事には自分も關係して居るのであると云ふ、即ち結附いて居ると意識して居れば、假令仕事はやらないでも今手は下して居らないでもそれは社會であると云ふことになる。今のは仕事の例であるが今度は生活に於て結附いて居ると云ふことが、これ亦研究を要することである。今實驗學校の一例で申すならば、これはブレーメンの小學校のシャーレルマンと云ふ有名な藝術敎育學者の校長をして居る學校であるが、此の實驗學校に於て、生活と云ふものに於て結附いて居ると感ずるやうな社會が實現された。これは何處でもよくある通りに此の學校にも遲刻する生徒がある、毎日二人の生徒が或學級で遲刻して來る、そこで子供達は、一體誰々さんは毎日遲れる樣だが、如何いふ事情であるか一つ調べて見やうではないかと云ふ問題が起つた、そこで其の問題はどう解決したかと云ふと、其の毎日遲れる人を呼んで、一體どうしたんですかと調べた結果に依

ると、一人はお母さんが非常な大病であつて、毎日々々其の子供がお母さんの世話をして居る、そこでお母さんも、已むを得ないからして遲れても仕方がないからお前は私を助けてくれといふので止むを得ず遲刻したことが分つた。他の一人はどうもあまり理由がない、只毎日寢坊をして居ると云ふことが分つた。そこで皆が相談をして、これはどうもいかぬ、寢坊をして遲れるやうな人は、吾々の學級と生活を共にすると云ふことは甚だ困ることである。で吾々皆が一生懸命勉强して生活して行くのに、仲間にさう云ふ人があつたのでは困るから注意して、注意してもどうしてもいけなければ他の學校に行つて貰はふではないかと云ふことになつた。他の一人は、之はどうも同情すべきものである、近所の人で朝早く起きられる人は行つてお手傳をしてやる、さうして其の生徒のすべき仕事をば共に負擔を分つてやつたらどうか、さうすると朝遲れずに來れる。さう云ふことに極りまして實行することになつた、これが即ち生活に於て結び付いて居るといふ事實である。即ち吾々は學級の共同生活をして居るものであつて、一人でも遲れて來て、一人でも仲間が外れてしまへば、これは吾々

の學級生活としては完全ではない。而もその中の一人が親に孝行をする爲に遲刻するならば互に助けてやつて之を完全なる學級生活にするといふ、斯う云ふ學級全體の生活と云ふものを一つとして考へる所に、此處に社會的の意義を生じて來たのである。その成員が互にその生活に於て結附いて居ると感ずるやうな社會は、之は即ちパウルゼンが更に具體的に說明して居るところによれば、各個人は會である。パウルゼン氏の所謂「社會人」を養成する爲の社會らしき社自分の力が、全體の力の流れの中に注ぎ込んで居ると云ふ事を經驗しなければならない。經驗とは、只知つて居ると云ふだけでは駄目である。知つて居ると云ふのは理窟の上の事で、單なる理智の働きである。學級の一員たる以上は、此の學級で何か仕事をして居る以上は、自分の力も其處に這入つて居る譯である、といふのでは理知的の解釋であり、經驗的ではない。學級が皆で遠足をした、其の時に自分も這入つて居り、自分の遠足と學級の遠足とは切つても切れないものであると感ずるのは經驗であり、自分が行きもしなければ經驗ではない。さう云ふ風に議論の上から感ずるのではなくして、自分の力と全體の力と

の一致を感ずる、もう少し具體的にいふならば、全體の内に取入れられて一緒に連れて行かれるでなければ、自ら何だか仲間はづれにされては自棄の感を生じ、何だか心に一種の淋しみを感ずる。只今の流行り言葉を以て言ひ表はすならば、所謂幻滅の感を起すことを經驗し體得するやうになれば、それは眞に社會を作つて居る人である。仲間はづれにされてどうも皆の云ふことがわからない、全體皆よからう〳〵と云ふけれども、自分だけはそれがいゝかどうか分らない、それは幻滅を感ぜざるを得ない。それから皆遠足しようと云ふのに、自分だけ行くことが出來なかつた、或は仲間外れにされてさう云ふやうな狀態になつてしまつたのでは、それは社會ではない。眞に全員が皆一緒の社會に連れて行かれると云ふやうなことを經驗すれば、其處に初めて眞の社會と云ふものが實現せられる。學級生活はこれを以て其の標準とする。尙又その成員は此の社會を維持する一員である。即ち人間の社會と云ふものを、自分が矢張り負擔して居るのである、自分が持ち堪へて居るのであると云ふ感じを有つて居る、さうして而も進んでは其の人が其の社會を若返へらすることが出來る、さうす

ればこれを稱して、今日非常に八釜敷く云はれて居る「社會人」と云ふものとなるのである。社會人と云ふのは、其の社會を維持して居る自分が一員である、又これを若返らする一員である、これを若返らせて此の社會を若くして元氣よくして行く、斯う云ふ風になれば、これが眞の社會人と云ふものである。又全體のために奉仕することの外には、個人を強くしたり發展させたりするよい方法はないと云ふことをば、各個人が他人にも經驗させ、自分も體驗するやうになる、斯うなればそれは眞實の社會であり、其の一員は社會人である。それ故に社會人は大勢の奴隸ではない、大勢の奴隸ではなくして寧ろ多衆と云ふものを建設する人である、形造る人である。多衆は即ち個人に生命を與へるものであつて、これが形成的の原理と云ふものである。これが即ち要するに社會と云ふものの生活と云ふことであつて、斯う云ふ意味の社會生活のための組織と云ふものが學級に於て行はるると云ふことが、今日狙つて居る所の組織の單位としての學級の概念である。

一三　共同作業の組織としての學級

次には、共同作業のための組織について尙一言を費したい。共同作業のための組織と云ふものは何に依つて行はるるかと云ふと、卽ち學級が一定の組織を形作つて共同作業をするがためには、各自がそれ〴〵の興味と傾向とに從つて「分擔」と云ふこともあらうし、「協力」と云ふこともあらうし、或は「服從」と云ふこともあらうし、「責任」と云ふこともあらうが、何れにしても全體が共同作業をするための組織にならなければならないと云ふのが新敎育の要求である。新敎育に於ける學級は、それ故に、共同作業の組織となるのである。然らば共同作業の組織となるために必要なる條件は何であるか、斯う云ふことになると、所謂「共通の興味」と云ふものが先づ第一要件とならねばならぬ。凡そ興味と云ふもののない所の仕事をさせると云ふことは、これは敎育の根本の原理に適つて居らない譯であるから、仕事をさせると云ふ以上は敎師は兒童の興味を無視する譯には行かない。而してそれが共同の仕事をすると云ふことになるならば、

其の當然の歸結として共通の興味の上に立たなければならぬと云ふことは明かなことである。それ故に共通の興味のあるものが茲に一團となつて、學級と云ふものを形作ると云ふことになり、若し固定的に形作られた學級全體と云ふものに共通の興味がない場合には、其の内の或一部分の者だけが集團を作つて、其の集團の者が共通の興味に依つて行かなければならないと云ふことになる。其處に今度はある共通の興味の者が一つの組織と云ふものを形作る、三十人なら三十人の一學級の子供の中、或共通の興味を有つた者が十人あり、それと同じ共通の興味ではないが、それと關係のある他の共通興味を有つて居る者が二十人出來て來た、それは十人の團體と二十人の團體が、共通の興味に依つて行くと二つに分れたのであるが、その仕事が全體として統一があり聯絡があれば、これは組織の一單位として學級が活動し始めたと云ふことになるのである。さう云ふことになつて、茲に共同作業と云ふものが行はるると云ふことになつて、所謂組織と云ふものが共同作業のために行はれ全體が一つの組織となるのであつて、此の共通の興味に依ると云ふと、必ずしも學級は年齢に關係はしない、

又智能、學力にも關係はしないのであつて、只興味のみこれを制限すると云ふことになる。そこで興味の根柢を深く研究して見ると、只單なる興味ではいけない、興味と云ふ言葉も近頃は非常に通俗的の意味を持つやうになつて、今日の新しい教育學の意味と餘程緣の遠い內容を聯想するやうになつたが、其の興味と云ふ意味も先づ暫くお預りにして置かう。只其の興味は何から來るかと云ふと、其の原因は「本質的活動」と云ふものに歸着しなければならぬ。

一四　本質的活動の原理

子供の本質的活動は即ち子供の教育のたよるべき所のものである。子供の要求と云ふことをよく言ふが子供の要求に應ずるといふ主義の教育を主張する新教育論者もあり吾々も或意味に於てはそれに贊成である。併しながら兒童の苟くも要求するものは、必ず眞實の要求であるかどうかと云ふことについては問題がある。所謂兒童の要求に應ずる教育と云ふものは、必ずしも眞實の要求に應ずると云ふ意味の教育とはならないことがある。單なる慾求は必ずしも眞の

要求と一致しないこともあり得る。其處に本質的の活動と云ふものの研究の必要が起つて來るのであつて、本質的活動こそは眞の興味の原因であり從つて又眞の要求となるものである。

されば本質的活動と云ふものは、個人と云ふものを發見し、兒童を發見した新しい立場に立つ教育の理論からは、當然研究しなければならない問題になつて來たのである。今本質的活動の何物たるかを極めて簡單に説明しよう。凡そ兒童を或一定の環境の下に置けば兒童は其の環境に對する反應を起すことは當然であるが、其の場合に起される總ての反應が兒童の本質的の活動であると見ることは出來ない。

例へば都會地に於て、尋常一年生が學校へ這入つて來れば直に本を讀みたい、字を習ひたいと云ふ。然るに地方に於て、學校と云ふ物や本と云ふ樣な物と非常に離れて居る所の家庭に育つた兒童であるならば、それが學校へ來ると云ふと、寧ろ學校に來た日から學校を嫌惡していやだ〳〵といひ、早く家へ歸りたいと云ふ要求をするものもある。都會地の尋常一年生は、幼稚園の幼兒として

も活動して居り、家庭に於ても兩親の指導の下に活動して來た結果として、尋常一年になれば直ぐに本を讀みたい、繪を書きたい、何等指導を要せずしてさう云ふ要求をすることがある。さう云ふ場合に、小學校に入學した日から早く家へ歸りたくて堪らないと云ふ兒童の活動は、これが本質的活動であつて、都會の兒童の本を讀みたいと云ふ要求をする兒童の活動が、本質的の活動でないと云ふことを斷定することが出來るかどうか、これに反して、都會の兒童が本を讀みたいと云ふのが、其の子供の本質的の活動で、本が讀みたくなく、學校がいやで早く家に歸りたいと云ふのは、本質的の活動でないと見て宜しいか、これは非常に興味のある所の問題であると同時に、吾々が直接に學級を經營して、さうして具體的の若干數の兒童の興味といふ問題に觸れた場合に、どの興味が眞實の興味であるか、眞實に合つた衷心からの興味、兒童の本質に觸れた興味であるか。何等環境にも妨げられず、又兒童の天性の不自然なる發展にも妨げられずに、極めて自然に育つた兒童の興味と云ふものは何であるかを知り之を然らざるものと區別することは、非常に重要なことであると同時に、非常

に六ケ敷いことである。

それに就て吾々が先づ研究しなければならないことは、此の環境に順應すると云ふ生物學的の原理である。此の原理は非常に兒童の生活・活動を支配して居るものであつて單に現存の興味を眞の興味と區別することの出來ぬ位に複雜なる影響を與へて居るものである。凡そ兒童は一つの生物としてはその環境に順應するものである。其の環境が縱令其の兒童の本質に適當でなくとも、環境が相當強ければ、其の兒童は巳むを得ずそれに順應してしまふ。さう云ふ性質を兒童は有つて居る。具體的にいふならば、本當は滿六歲の子供として自然的の發育をして來た兒童はさう無暗に文字を覺えたがるものではないのであつて、それよりももつと直觀的の仕事をやつたり、もつと手足の活動をやつたり、遊戲をやつたりするのが本質的の活動であるかも知れないのに、都會の生活は兒童をして學校へ這入つた第一日からして「先生文字を敎へて下さい」と云ふ要求をさせる程になつて居る。これは其の家庭及び社會の生活が常にそれを取卷いて居つて、子供はどうしても、順應と云ふ方から云へばさう云ふ順應をせざる

を得ない、斯う云ふ狀態に陷らしめられてあるといふことになるのである。從つてそれは本質的の活動ではなくして、生物學的にいふならば惡順應不當順應による活動であると謂はなければならぬ。

所謂不當順應であるかないかと云ふことを具體的に說明せんとするならば、吾々の身體の方に例を取れば一番よく分ると思ふ。身體と云ふものは一體脊中が大體眞直に發達して行つて、さうして吾々の姿勢は自然の美しさを發揮するのが、吾々の身體の本性であり本質である。若し周圍の事情がうまく行つたならば、椅子に腰を掛ける場合にそれが適當な椅子であるならば、心地もよし、實に美しい姿勢である。又餘所から見ても侵すことの出來ない一種の威嚴があるのが、これが吾々の身體の自然であり、本質的の活動を現はすのである。所が偶々吾々の身體に適當しない所の椅子に腰を掛けると假定して見れば、彼の小學校の兒童の如きは、即ち椅子や机の高さが膝の高さ胴の長さに應じないもの即ち假令ば腰掛が高過ぎと云ふやうなものに腰を掛けた場合には、兒童は一時は何だかどうも工合が惡いと感ずるのであるが、毎日々々其の環境で以て抑

へ着けられる、さうすると兒童の身體と云ふものは生物學的の原理に從ふべき一つの有機體であつて、已むを得ないから、どうか斯うかして此の高い腰掛に順應しなければならぬ。先づ其の第一歩としては、足の踵を上げて爪先を下に着けると云ふ工風をして腰掛そのものに順應をする。それからしてその當然の結果として身體の姿勢を自然のまゝに眞直ぐにして居るわけにいかないから、身體の方を前に跼める、前に跼めたゞけではいけないから、それで頭をすこし持上げて顎を突き出す姿勢になる、すると餘所から見て甚だ不格好な、且兒童の生理衛生上からもよくないところの姿勢になつて終つてその發育を妨げる。

所が此の腰掛に馴れてしまひ又身體も曲つてしまつたら膝の高さよりも高い腰掛の方が、心持がよくなり兒童は本來此の腰掛を要求するかの如くに見える樣にもなる。即ち本質的の活動が何處にあるかと云ふ事は甚だ分らなくなつてしまふ。斯う云ふ場合に吾々は、吾々の自然の姿勢と云ふものを失はない程度に於て、さうして自然の美しさを發揮すると云ふ樣な事、言ひ換へれば其の兒童にとつて極めて自然であつて、又將來の發達にも適當であるやうな態度を執

ることが出來れば、其の活動は眞の本質的活動であると云ふて宜しいのであるが、單に現在の環境にのみ適應して居つて、其の儘で發育をして居つたならば、將來覺束ないものとなることが明かなやうな活動は似而非なる本質的活動といふべきで、吾々はこれを本質的活動と見ることは出來ないのである。凡そ似而非なる本質的活動ともいふべきものは生物學的に之を觀るならば不當順應の結果生ずる活動である。それであるから兒童の心理をよく研究して、さうして具體的個々の活動は過去に於ては何によつて刺戟せられ發生せしめられ將來は一體どう云ふ風に發展すべき性質のものであるか、今六歲の者が若し七歲になれば、今の此の活動はどう云ふ意義を持つて來るものであるかを硏究しなければならない。實際今の活動が非常な熱を以て慾求せられ非常に興味を持たれて居つても、今の例で申したやうに、既に本質が曲げられて仕舞つて居り曲つた姿勢になつてしまへば、少し腰の高い椅子の方が其の子供に適當したやうに感ぜられるやうに、惡しき姿勢がその子供に本質的である樣に思はれて仕舞ふ。それであるから現在の環境にのみ順應して居るからと云ふて、其の活動が其の子

供の本質的活動になつて居るか、即ち子供の生命の中心からの要求であるか否かは、俄かにこれを斷定することは出來ないのである。

斯の種の研究のためには、普通心理學の研究は勿論のこと發生學・民族心理・個性心理・個人の經歷・過去の敎育の研究をするのでなければ一人々々の具體的の兒童の活動が、果して本質的活動であるや否やと云ふことを見分けることは困難なことである。併しながら單なる心理學的知識だけでは役に立たない。兒童の活動に對する直覺力といふものが必要である。それは心理學的知識と一般的に兒童に對する豐富なる經驗と個々の兒童の知識とによつて眞に子供と云ふものは何であるかと云ふことを體得して居る人であれば、先づ大體に於て子供が斯う云ふことをすれば不當順應、斯う云ふことをすれば本質的の活動であると云ふことを判斷することが出來ると思ふのである。天性の敎育家は克くこの事を爲し得るのである。只普通の敎師は自分の經驗と云ふものを有効に使はなければならない、これが爲には心理學も研究しなければならない、個性の心理も研究しなければならない、それから生物學も研究しなければならない、民族心理

も研究しなければならない。此等心理學的知識と敎育的體驗とによつて吾々が判斷して、此の興味こそは本質的にして而も共通にして價値ある興味であると云ふことを判斷すれば、それに依つて仕事が行はれ始めるといふやうな學級の組織になつて居らなければならぬ。されば吾々は毎日毎時の學級生活に於て何處までも兒童と云ふものに對する研究的態度を失はないやうにしつゝ敎育を實施して行くより外には仕方がないと思ふのである。之を要するに本質的活動の意味に於ける共通の興味のみが先づ第一に學級生活を限定する要素となり得るのである。

一五　社會生活の原理との調節

本質的活動の原理は、社會生活の原理と調節をしなければならないのである。即ち等しく本質的活動の意味に於ける共通の興味の内でも、一定の制限を加へなければならないと云ふ結論に到達する。何となれば敎育に於ては社會的衝動を刺戟するやうな興味をば特に尊重しなければならないと云ふ要求が、前に申

した第一原理の「社會生活としての學級」と云ふ原理からして生れて來る譯であつて、いろ〳〵の興味の中、大體に於て共通の點を多く有して居り、個人教育の價値の上から云つても同じであると云ふ場合には、言ひ換へれば他の事情が同一である限りは、所謂社會的衝動を刺戟するやうな性質のある興味若くは活動を先づ取上げて、さうしてこれを學級の中心的興味としなければならないと云ふことになるのである。更に進んでは單に社會的衝動を刺戟すると云ふことでなしに、若しも其の興味が兒童の手を社會共同の利益のために働かす仕事に導くことが出來るやうな可能性の多い興味であつたならば、これ亦非常に作業と云ふ方面から教育的の價値を認めらるべき興味であるのである。蓋し作業の根本の意味は、即ち吾々の「手」と云ふものを「社會共同の利益」のために働かすと云ふ趣意にある以上は、其の興味を自然に發展させて其の興味を中心にして仕事をさせて行けば、自ら手を働かせなければならぬ樣な仕事が必ず生れて來るやうな興味は、教育の目的に合するものである。而して手を共同の利益のために働かせるやうな仕事が、必ずそれに依つて出來て來ると云ふやうな興味

を捉へて、さうしてこれを學級活動の中心にすると云ふことになれば、即ち現代の敎育が目的として要求して居る社會生活の要求に合ふと同時に方法としての共同作業と云ふ要求にも合ふことになるのである。尙此の興味と云ふやうなことに就いては詳しく述べなければならないのであるが、今茲ではこれ位にして切上げたいと思ふ。

以上が新敎育が學級生活と云ふものに對する要求の大體である。

第二章　新教育に於ける學級經營の概念

新教育に於ける學級の概念が明瞭になれば、それから自然に割出さるゝ所の學級經營の概念も自ら明かになる譯である。

上述の如き個人及び社會と云ふものゝ解釋に從ふと、學級經營とは、其の學級を組立てて居る所の成員の個人としての生活も、學級と云ふ團體の社會生活をも、正しく指導して、さうして陶冶價値――或は教育價値と云つても宜しい――の、より高い生活を營ましむる爲の施設經營を指すのである。勿論自然に放任しても集團的生活をやつて居るが、それよりも一歩高い所の生活、個人としても全體としてもより高い生活をさせるやうにするのが、學級經營の本旨であると云ふことになるのである。而して如何なる生活が陶冶價値の高い生活であるかは從つて起る重要な問題である。從來の學級教授も相當にその陶冶價値を發揮して居つたと思ふが、それは餘りに個人生活に偏して居りはしないかと

思ふ。即ち教師は教授を行ふといふ立場に立つて學級といふものを考へて居つたものだから學級は恰も蜂の巢の一つ一つの部屋に蜂の子が居を占めて居るが如く兒童は個々の机と椅子とによつて毎日同一の道を通つて同一の座席に座して教師からの教授を何人とも同樣に受けて居るといふ狀態であつた。從つて各個がそれぐ\同一分量の教材を與へたり受け取つたりすることを行ふのが學級の仕事であつた。勿論陶冶價値の高い生活とならしむるには授けたり受け取つたりするといふ活動もなくてはならぬがそれが凡てであつてはならぬ。否同一の教材、知識觀念を授けたり受け取つたりするだけでは之を所謂生活といふ方面から見るならば甚だ一方に偏したことであつて、生活の極めて微細なる一面たるに過ぎぬ。兒童生活の全體から觀るならば斯かる教材・知識・觀念を得ることよりも、同輩者と共に生活することそれ自身が大なる經驗である。從つて一人一人々々の座席のみが一人一人の生活の場所ではなくして學級の教室それが全體として全員の生活の場所である。同輩者と共に共通の興味に刺激せられ動機づけられて共にある仕事をするといふことは價値ある生活である。その仕事の中に

就ても殊に全員としての文化價値のより高い仕事を選定して之に熱中するならば、それはより高い生活でなくて何であらう。而してそれより獲得する結果とか收益とかいふものはそれが直ちに必ずしも授けたり受け取つたりする敎材や知識や觀念といふ形を以ては殘されないかも知れぬが、彼等が共同の社會生活を營んで共通の興味によつて働いた事それ自身の生活による經驗は、種々の體驗を意識させることゝなり、その體驗を基礎としてやがては知識、觀念を發生するのみならず單なる知識觀念に止らずして社會的感情を刺戟し共働的意志を發生し遂には生長しつゝある人格そのものゝ完成を期待することが出來る。その人格の完成に必要なる範圍に於て知識を生じ觀念を形成する樣になるのが即ち吾人の希望し期待して居る人格發達の理想的の道程であるのである。吾人の希望するところは單なる文化財の傳達でもなければ單なる理智的人格の構成でもない。それは生長しつゝある全人格が社會生活を通じて、より完全なる域に進まんとする道程を踏ましむることである。生長しつゝある人格者即ち兒童は彼自身の生活により彼自身の體驗を獲得し經驗を形成し感情を修練し觀念を生

み知識を構成し意志を發生して以てその人格をより高き地位に進めることが出來る。これが出來れば學級經營の本旨は達成せられたといふても敢て過言ではないのである。

斯かる學級經營によつて敎育せられ成長した人格は社會生活によつて出來上つた人格であつて「社會人としての生活」を行つて「社會人」となつた譯である。又共同作業を行つて共同作業に必要なる資質を養成せられた「共同作業者」である。知識觀念のみを通じて社會人の要素を注入せられた人でもなければ、知識觀念のみによつて共働の價値を理解せしめられた人でもない。

以上は學級經營の目標として居る人格であるが、斯の種の經營は之を實現するの方法が研究せられなければならぬ。それは後章に讓ることとしよう。

之を要するに學級經營は敎育の本來の目的の爲に學級全員をして、「眞の生活共存體」を實現せしめて體驗せしめ、「眞の仕事の共同團體」を實現せしめて體驗せしめ、それによつて各個人を一個理想的人格の所有者たらしめる事がその中心の目標とならなければならぬ。それが爲には學級敎室は全兒童及び敎師の眞

の生活の場所としての條件を具備させなければならぬ。又仕事の共同團體としては共同作業が自由に圓滑に行はれる樣な條件をも具備させなければならぬ。而して各個人には各個人としてそれ〴〵一個の人格者として修養・反省・體驗の機會を獲得させてやらなければならぬ。從來の敎授目的物たりし知識や技能それ等は皆その修養・反省・體驗の方便物となり生產物として生ずるものである。

第三章　新教育に於ける學級擔任者の立脚地

以上は學級經營の概念であるが斯かる意味の學級經營を行ふ所の敎師即ち學級擔任者の立脚地が如何なる立脚地にあるかと云ふことは、これ亦當然の結果として攻究せられなければならぬのであるが、これには三つの異なつた立場を區別することが出來ると思ふ。

第一節　敎授者としての學級擔任者

第一は、從來の學級の概念が生み出した所の立脚地即ち敎授者としての立脚地である。それは所定の事項を具案的に順序よく敎へ授けて行く即ち敎材を處分すると云ふ態度を執るのである。即ち敎師からして與へるものを、生徒は受取るといふ形になる譯である。此の活動は何處迄も敎師が發動するのであつて、

生徒は受身の態度を執る。之は極端なる新教育論者は主義の一貫のために全然之を排斥するのであるが、吾々はこれは決して全然排斥すべきものではないと思ふ。唯々問題とするのは其の分量である。學級生活の全體が、或は學校生活の全體が、常に全部に於て先生が與へ生徒が受取る、即ち單なる授受に終始するものであつたならば、新教育の意味は滅却されて仕舞ひ、今日の改革論者の云ふが如き大なる弊害を生じて來るのである。併しながら實際の學校生活學級生活の指導に於て我々は授受を必要とするのである。只教授者としての態度が餘り強過ぎる時には兒童の發動性を無視することとなるから排斥しなければならぬが、生活指導の範圍を越えざる程度に於ては最も必要にして價値あるものである。

第二節　共同者としての學級擔任者

第二は、共同者、即ち組織の單位としての學級の關係者としての教師である。

組織の單位としての學級關係者としての學級擔任、これは即ち學級擔任と生徒とを一緒に合せたものが一つの社會であるといふ思想から來るのである。それであるから其の社會に於ける敎師の態度は、どうしても社會の一員として考へられ結局お仲間であると云ふ態度を採ることである。生徒と互に提携すると云ふ態度である、提携すると云ふことは橫に相互に關係することであつて上下の關係ではない。同じ水平線に立つて居ると云ふことである。此の組織の單位としての學級も、從來慣に行はれて居つたが之を意識しなかつたに過ぎぬ。それは即ち其の價値をあまり認めなかつたからである。兎に角敎師が敎へると云ふことが學級と云ふものの任務である、といふやうに考へて、敎へる活動が非常に激しい、殊に口頭で喋べることが忙しいのであつたから、共同すると云ふやうな態度は到底見出すことは出來なかつた。

此の方面に於ては寧ろ外國の學校に於ける學級生活と云ふものは非常に進んで居ると思ふのである。それをお話する前に豫め述べて置かなければならないことは、外國殊に歐米の文明的の社會と云ふものは比較的多く共同的に出來て

居りそれが自ら教育にも影響して居るのであるが、日本に於ては社會も此の方面に進んで居らず、學級教育にも從つて社會生活を指導する様な設備もないことを吾々は著しく感ずるのである。先日或夜行の列車である外國の宣教師が二人で頻りに話をして居るのを聞いたことがある。無論寢臺の中であるからあまり大きな聲では話さぬし、その詳細は十分に聽き取ることも出來なかつたが、結局今度新しく本國から來たと云ふ宣教師と前から居る宣教師と、何をか共同してやらうと云ふ事の問題である。それで一方の宣教師の言葉が、「此の問題に就ては日本人と共同してやらうと思つたけれども、日本人は共同をする能力がない。」と斯う云ひ切つたのが明かに聞えた。さうすると他の一人が「自分もそれは同じ經驗を持つて居る、それでは吾々二人で共同してやるより仕方がない。それより外に仕方は無い」といふのであつた。彼等の眼を以て見れば共同の能力が日本人には無いとまで言ひ切る位に我々日本人には共同心が缺けて居ると見える。

私が嘗て倫敦に居りました時に大英帝國博覽會が催された、新聞を見ると其

の委員が任命されて居る、其の名前を見るとよく始終新聞で名前を見るやうな名士が揃つて居る、さうして役目を見ると其の割當も出來て居るが、非常に著名な、私共でさへも名前を知つて居る樣な世間で持囃されて居るやうな、所謂世間の信望のある紳士は何にも役目を有つて居らない。それから一方には民間から一つの後援會のやうなものが出來て、今度はお役人でない民間側からの委員が出來た。これ亦民間の有力者といはれる人でさう云ふ人が委員になつて居るが、他の人は皆いろ〳〵の事務を分擔して居るが、一番仕舞に持つて行つて一番偉いやうな人が一寸出て居り、さうして矢張り何にも役目がない、さうかと云つて會長でもない、委員會の會長は又別にある、どういふ事かと聞いて見ると、英吉利でもさうであるし佛蘭西などでもさうであるが、さう云ふ風に茲に政府側の博覽會委員、民間の博覽會委員と云ふ二つの團體が出來ると、何時でも役目を有つて居らない無任所の委員といふものが、どちらにも少し宛出來る、これを稱してリエーゾンメンバーと云つて居る。リエーゾンといふのは佛蘭西語であつて聲音學上の術語であり軍用語としては聯絡運動や協同運動を意

味して居る。此のリエーゾンメンバーは即ち政府側の代表委員と民間代表委員との中間に屬して居つて常に兩者の聯絡を圖り全體の仕事の圓滑なる進捗を司ざるのである。即ち不斷には役目の無い者であるが一旦他の團體との交渉が起り之と社會生活をやり一緒に活動する必要の起つた時は始めて物を言ふメンバーである。聲音學の方では獨立一言としては語尾に無音の子音を持つ語が次に來る言葉によつてはその子音が有聲となつて始めて働きを現はすことをリエーゾンといふ。社會生活に於ても亦之と同樣で社會の事物に皆共同の形態が具はつて居り、その社會生活は自然にその成員を社會化共同化せずには置かないのが所謂文化社會である。

小學校などでも子供が何か委員會を作る場合に、さう云ふことを考へて居る。例へば清潔委員・整頓委員と云ふものがあるが、其の間の聯絡を取るものが兩方に一人宛あつてお互に共同して行く、即ちコオペレートして行く。學級生活に於ても、共同の生活即ち共に働く生活と云ふことを、吾々は見逃して居つたことが隨分澤山ある。さうして若しこれを注意して其の價値を認めて共同と云ふ

ことを適當に指導して行はせて行くと、自然にさう云ふ者の要求も起る。所が日本邊りでは却つて惡く發達して居つて、所謂彼此屋と云ふものがあつて、いろ〳〵な方面に手を出してやるけれども自分は何にもしない、方々へ行つて彼や此をいろ〳〵取扱つて居るだけであつて、あまり其の會の本旨に副ふ所の他の會に行つて聯絡を執ると云ふことはやつて居らない。これはまだ日本人の間には共同活動と云ふものが發達しない一つの證據ではないかと思ふのであるが、さう云ふ意味に於て吾々は、此の敎師對生徒と云ふことは勿論のこと、生徒相互の間にも常に共同の歩を進めるがためには、敎師は生徒と共に働く所の人でなければならない。殊に所謂リエーゾンメンバーとして働くべきであると思ふのであつて、さう云ふ關係からして、共同者としての敎師と云ふものが眞に出來て居り、其の敎師の性格の内に共同者としての態度が備つて居れば、こゝに其の先生と一緒になつて働けば自然に共同の生活が出來る譯である。さう云ふ意味に於て吾々は、學級擔任者としての立場から共働者即ちコオペレーターとして働く分量が非常に多いと云ふことを認めるのである。即ち仕事の内容から

いへば教師は所謂無任所の委員であつて常に全體の聯絡を考へつつ共働して居る人でなければならぬ。所謂リエーゾンメンバーの位地を占めなければならぬ。即ちその社會の地位名望ある人で推されて無任所委員となるといふ格の人とならなければならぬ。從つてその地位名望によつてその人のいふことには可なり大なる權威のあるものでなければならぬ。

第三節　仲介者としての學級擔任者

第三には、仲介(若くは紹介)者としての學級擔任者の立脚地を考へて見やう。前項に述べたのは敎師と生徒との間が共同をすると云ふことであるが、今度は敎師と云ふものが兒童生徒の中から離れて第三者の位置に立ち兒童生徒同志を互に理解せしめる立塲をとるべきである。抑も敎師が、各個の生徒を知つて居ることは、生徒同志が互に知つて居るよりもより高い程度に知つて居ると云はなければならない。勿論或方面に於ては兒童同志がお互のことをよく知つて居

ると思ふが、遠足などに連れて行つて見ると、吾々が豫想しない二人の子供が非常に仲がよい、平常敎室で見て居るとあの二人の子供が仲がよいと云ふことは知らなかつた、それはなか〳〵先生には分らない。所が學級生活と云ふ立塲に立つて考へ兒童の生活に踏み入ると云ふと、兒童の間のいろ〳〵の問題が、出來て來る、生活にまで這入らなくとも、眞の共同作業をさせると云ふ立塲に立つだけでも、生徒同志の交渉と云ふものは從來よりも餘程多く起るのである。況んや學級全體の生活をさせると云ふことになると、此の生徒同志の間の關係が非常に複雜な問題になつて來る。そこで敎師と云ふものの立塲は、此の間の相互の關係をよくさせるでなければ、眞に學級生活を導いたものとは云へないのである。それがためには此の敎師と云ふものが、自分の知つて居る範圍のある生徒と自分の知つて居る範圍の他の生徒との相互の理解の爲に貢獻しなければならぬ。自分の知つて居る範圍の材料を基礎として、今現在問題になつて居る生活若くは仕事の事項に就ての、生徒相互の理解を進め感情や意志の疎通を圖らなければならない。さうでなければこれらの共同生活と云ふものは出來な

いのである。今日の普通の學級教授に於ては、問答法に依つて、先生が問を出して生徒がいろ〳〵答へる。生徒がいろ〳〵の答を出すにも關らず、通例は先生が大體自分の頭の中で斯う答へてくれればいゝと云うやうな答の内容を大體豫め決めて置いて其の豫定に合つたものでなければ採用しない。他の子供の答は問題にされないでずん〳〵進んで行くのが普通である。所が學級生活と云ふことになつて、さうして個人々々と云ふものゝ活動と生活と云ふものを考へるやうになれば、此の子供が斯う云ふ答をしたと云ふことに就ては、其の答をば教師が勿論知らなければならないが、同時に其の答の背景をなして居る精神生活の内容を他の生徒に理解させて行くでなければ、それは健全なる社會をなさない。さうでなければ、折角自分は先生のために答へたけれども、自分だけは先生の要求には合はなくて取殘されてずん〳〵進まれてしまつたと云ふ感じになつて茲に社會生活上忌むべき結果を殘すのみならず、内容は何が何だか分らないが、自分が分らなかつたのだから仕方がないと云ふことになる。全體を一つの社會生活として見た時には吾人は之に滿足することは出來ぬ。それ〴〵の

兒童生徒がある一つの問に對して答へ方の差違のあるのは皆相當の理由があり之を理解すれば始めて皆が一つの社會となるのであるから相互の理解をさせることはよりよき生活に導くべきよき方法である。若し此の任務を敎師がやらなければ、此の敎師は仲介者としての學級擔任の任務を果して居らないと云ふことになるのであつて、其の學級は甚だ貧弱な内容を以て生活をして居つて、唯先生と共同をする、先生からして物を敎はる、斯う云ふやうなことだけは出來るが、生徒同志が互に諒解をして、互に理解をして、さうして眞の社會生活共同活動をすると云ふやうなことは行はれないことになる。で新敎育に於ては社會生活と共同活動とに價値を認め共同者としての態度は自然に子供の頭に訓育的に働いて、先生が甲の生徒とも共同し乙の生徒とも共同すると云ふことは、聽て此の橫の共同卽ち甲と乙との共同をすることにもなるが、生徒兒童の各をして直接に橫の共同をさせると云ふやうなことは、敎師が仲介者と云ふ立場に立つて、自らさう云ふ立場に在るものであると云ふことを理解して、以て學級と云ふ社會生活をば、よりよき社會生活としての條件を備へさせて行くべきも

のである。

第四節　各種の態度

第一の「敎授者の立場」に立つ時には、敎師は生徒に對しては皆さんとかあなた方お前方とか云ふ言葉を使用する。即ち敎授さるゝ所の人に對して敎授する所の人と云ふ一種優越の感に立つて、茲に一種の優越の權威を感ずるのである、從て敎師の行ふ指導といふものは時にはジョンデユウイなどの所謂統御といふ形をとり時には案內といふ形をもとる樣になるのが特徵である。而して敎授者の立場は從來研究し盡されたといふてもよい位であるから此處には略する。

第二の「共同者の立場」に立つ時には必ずしも優越感もなければ權威も感じないで宜しい。寧ろ優越感も權威も捨てゝ裸になつて、兒童と共に手を携へると云ふことにならなければならない。學級全體が敎師も兒童も一人の例外なしに互ひに手を携へて五十人なら五十人の全員と一緒に「吾々は」と云ふ態度で行か

なければならない。「お互」はと云ふ態度でなければならない。所謂フエローシップたる態度がこれである。眞の意味の社會の一員である。此の立場に立てば敎師は全然敎壇を下つて兒童生徒と相互に手を提携しなければならぬ。此の意義に於て新敎育の敎室には敎壇といふものを撤廢しても差支ない。併し此の立場のみが全部でないことを忘れてはならぬ。

共同者としての學級擔任者の態度は同輩者としての敎師といふものである。此の立脚地からの敎師は指導者としては漸々同行者、同船の友、の心持に移り行かねばならぬ。而して學級は生活から見れば生活共存體であり、仕事から見れば仕事の共存體であり敎師も生徒もその一員たるの道を歩みその一員たるの資質を修養して之を體得して行くべき修業者の態度に入るべきである。その結果兒童生徒は敎師に對しては時には「先生」といふ態度から漸次に「吾が友」といふ態度に移り行くことも生ずる譯である。從つて敎師に對する兒童生徒の用語の如きも屢々同輩者に對するそれと變らざる時もあり、等しく「先生」といふ言葉で呼び掛けてもそれは「君」「僕」「あなた」といふ意味になつて居ることもあ

る譯である。兒童生徒に對し敎師の使用する言葉も自ら移つて同輩者のそれと變らなくなり、「君」「お前」「あなた」等諸種の對等の語を使用してもその內容は「君」といふことゝ少しも變らない。兒童生徒の名前を時には呼び捨てにしても何等權威づくでやるのでもなければ卑下しての呼び聲でもなく、親が子に對する親しみ以上のある同輩感に刺戟せられて出るのである。

要するにその形に於て種々の呼稱が現はれて居つても、一概にそれを以て直に彼此善惡の批判を形式的に下すことは六ケ敷しくなつて仕舞ふ。獨逸のブレーメンの實驗學校に於て、そのある學級に於ては敎師に對する兒童の呼び掛けの言葉がドウー(Du)といふ夫婦相互間の用語であつたのをある參觀人が校長シヤレルマンに質問したらば、「夫婦相互間の交情は何故にドウーといふ言葉で表はすかそれをお考へになつたら直に分りませう。別に理屈はないのです。」と答へた。そして他の學級では兒童は「あなた」(Sie)といふ言葉でやつて居るにある學級のみがドウーといふ言葉を使用して居るのを不審とする問に對しても、「それは自然的なる社會生活から自然の人間相互の感じが表はれたので別に規則で

きめるべきものでは無い。」と答へて居るが如きは社會生活の本義に徹したものであらう。

第三は紹介者又は仲介者としての學級擔任者の態度である。これは第三者の地位に立ち、極めて公平にして極めて冷靜なる態度を執るべきである。例へば今一人の子供が何か活動をした時に、其の活動に對して極めて公平なる理解力を發揮して、さうしてこれを他の生徒にも紹介をすると云ふ態度に出なければならないのである。であるから、此の第一の敎授者としては相當の權威を持たなければならない。その機能は蒙を啓くにある。知的開發にある。さうして第二の共同者としては、全く兒童の中に飛び込んで兒童の心を心として同輩の關係に立たなければならぬ。その機能は各成員をして同一目的の爲に共働せしむるのみならず自らも各成員と共に共働するにある。協力一致せしむるにある。自己を尊重するが如く他人を尊重せしむるにある。第三の仲介者としては兒童生徒の信望を擔ふて居なければならぬ。その機能は個人的にも團體的にも相互に他を理解して居る生活を營ましむるにある。單に知的理解のみならず情意的

に理會せしめ以て協力一致の基礎を築き上げなければならぬ。

以上は新意義に於ける學級經營をする爲に必要な敎師の態度であるが、學級に於ける仲介者と云ふことになれば、單に一人々々の子供を知つて居ると云ふだけでは到底出來ない。何故なれば、此の子供と云ふものは一人々々の集つた團體ではない。即ち茲に社會生活をして居るものであつて、從つて團體精神と云ふものがある。團體精神のあるもの丶上に敎師が立つて、さうして其の內の或部分と他の部分とを互に交通させ理解させると云ふやうな立場にも立つのが、これが組織上の單位としての學級に於ける仲介者の任務である。此の二人と此の二人とを合せて一團として此の間に交涉あらしむるやうにする、茲に敎師は單なる子供の個人心理學を硏究したゞけではいけないのであつて、所謂學級の心理と云ふものを硏究しなければならない。之は次章にゆづる。

此の外學級の中にはリーダーとして働くものがある、其のリーダーと全體との關係はどう云ふものであるか之も硏究を要する問題である。それから又學級全體が心理的の一團體として働くことがある、これも敎師はどう云ふ風に理解

して居らなければならないか、此等は改めて次章に論ずることゝする。

第四章　學級生活に於ける社會心理

既に述べたところを總括すれば學級擔任者の立脚地は學級生活の正しき且價値ある指導者たる點にあるのであるが、更に之を分析して見れば上來述べた通り敎授者としての敎師、共働者としての敎師、仲介者としての敎師の三つに區分することが出來る。而して敎授者としての敎師については既に從來心理學的基礎の上に敎授法なるものが可なり深く研究されて來て居るのであるが、最近に於ては單なる普通心理學や兒童心理學でなく寧ろ各科の敎育心理學的研究が行はれ各學科の心理といふものが殊にアメリカ邊りでは研究せられて居ることは多くの人の承知して居るところであらう。併し乍ら、共働者としての敎師、仲介者としての敎師の立脚地からの心理學的研究は從來甚だ幼稚であつた。敎育の方からも社會生活の重視せられる樣になつた事は比較的新しい事であると同時に心理學それ自身も社會的生活の立場から集團心理社會心理の研究といふ

ものは甚だ遲れて居つた。
最近にアダムス氏は多くの心理研究を纏めて小論文として居るが、之は共働者仲介者としての敎師の立場からは必要なる基礎的知識であるから次節に於て之を紹介することとし先づ第一に社會的本能について述べることゝする。

第一節　社會的本能

凡て人間には社會的本能のあるといふことは説明を要する迄もないことである。就中敎育上に於て重要なるものは第一には群居本能であらう。

一般に人間はその側に人間が居るといふことだけで滿足するものである。幼兒なども母親が傍に居りさへすれば安心して居ることは何人も經驗して居るところであるが、マックドウガルは此の群居本能が吾人の休養のために、大なる力となるものであることを指摘して次の如くに言つて居る。「文明社會に於ては凡ての方面に群居本能の發動して居る證據を認めることが出來る。或二三の例外

を除けば凡ての敎養の高い人にとつて休養の最も眞髓的のものは多人數の仲間になるといふことである。都人士の普通の毎日の休養は夕暮に賑かな街を散歩してぶら〳〵して歩くことである。イギリスではストランドとかオックスフォードストリートとかオールドケントロードとかいふ處である。物見高いといはれる都人士は外國の皇子でも見えると何時間でも街の兩側に十重二十重に重なりあつてお通りを待ち受けて居る。日曜日には早朝から走り出して所謂郊外のリソートに集まる。」といふて居る。東京にも「銀ぶら」といふ言葉もある。

事實に於て宗敎心といふ樣なものも只一人でお勤めをするよりも多人數が所謂結集といふことをすることによつて一層高められ、強められ、滿足される。勞働の如きも一人でやるよりも多人數が工場でやることが面白いとされて居るし、一度オフイスや學校に勤めた婦人はオフイスをやめると何だか物足らなく家庭にばかりクスぶつては居られない。學校に於て學級に於て又は遊戲に於て澤山の不愉快のあるにも關らず學校であるが爲に學級であるが爲に多人數の遊戲であるが爲にそれ等の不愉快を物ともせずに盛に共同活動をする傾向等は皆

群居本能を具體的に表はして居るものである。イギリスのパブリックスクールの生徒などが考案し出した競技の種類などを見てもその源を群居本能に歸すべきものが多いのである。

學級生活そのものは群居本能により、學級に於て行はるゝ共同作業もその根柢は此の群居本能に置くのである。

第二には支配本能屈服本能ともいふべきものである。一人と他人との間に於ける複雜なる活動關係であつて、その活動の結果平衡を得て一人は支配者の位地を占め他の人は服從の態度を採つておちつくのである。一例を擧げて見れば甲の兒童が何か仕事をして居る處を乙の兒童が側を通つて目を注いだとすれば、最初は甲が乙に何等承認的行動も屈服的行動もしないが、忽ちにして氣がついて少しく頭を持ち上げて少し前方に突き出す態度を表はす、そして乙をながしめに見る、而も自分の爲して居ることは相變らず續けるのみならず多少勢をつけてやる、若し乙が會釋する態度か又は屈服する態度を表はさない樣な時には甲は仕事をやめて乙に近づき乙の顏をのぞき込み、自分の頭を突き出して恐ら

くは肘で突くか推して見るといふ様な事になる。其の時乙が多少なりとも服從的行動を表はせば甲は先づ滿足の意を表はし、よく行けば深切に取扱ふ樣にもなることがある。支配者たるの結果を得る者は豐富なる喜悦の情を起すのであるが服從者といへどもその服從が最も自然的に行はるゝに於ては相當の滿足を感じ喜びを起すものである。而して優勝者劣敗者のあるといふことは自ら社會の平和、秩序の維持となり學級生活等に於ける秩序維持なども斯かる原理によることが多いのである。

第三には**承認的及び非難的行動**である。微笑、讃美的のながめ、叫び聲等は根本的には飢餓から救はれた時・恐怖の減少した時・勇敢なる行動・勝利・女性の愛敬等に對する反應である。顏をしかめたり嫌惡を表はす音聲を出したり蔑視したり叫び嘲けることなどは無力なる人・臆病者・卑怯者の受けるところの自然の罰である。何人も又如何なる兒童も此等の反應によつてその周圍の人々の性質や行動を無意識的に秤量して居る。此等の傾向はやがて人世の價値を判斷するの源となる。

親しき者としての承認を受ければ人間は滿足をし不承認の反應をされゝば不滿足を感じ遂には惡しき性質を强める樣にもなる。

第四は競爭心である。一つの物又は人物に就て何事か從事し關係して居る時に一人で從事して居る時よりも他の人が同樣の事物人物に關係して仕事をして居る時には一層强烈に行動する傾向は即ち競爭心である。又その仕事が成功しない時には他人が同樣の仕事をして居る時には一層多くの苦痛を感じ成功すれば同樣に一層多くの滿足を感ずる心も、競爭心の活動があるからである。

他人との競爭をする時又は他人と共働をする場合に競爭心が働いて一層精力的に一層熱心に活動する樣な傾向は、その仕事だけに就ての活動的傾向を益々發達せしむるのみならず、その仕事について競爭的共働的に働いた結果として一般的に他の種類の仕事に從事する場合にもそれが原因で一層多くのエネルギーと熱心とを以て働くことが出來る樣に訓練されるものである。之が學級又は學校生活に於て共同的作業をなす事の陶冶的價値であるのである。蓋し本能的に競爭し共働する事から漸次その競爭と共働とを意識する樣になるからである。

競爭心についてはウ井リアム・ジエームスは、「若しも自分がその仕事をしなければ誰か他の人がそれを爲して信用を博するから、それでは殘念だから自分がするのである。」といふて居る。此の原理は學級生活の兒童に適用し得るものであるが賢明なる敎師は斯の如き競爭心を利用して社會生活を個人の爲に有用なるもの即ちより高き陶冶價値あるものとすることが出來る。

一般に競爭心はそれ自身競爭的活動である樣な活動には起し易いが其の他の活動にはそれ程容易には起らない物である。例へばフットボールとかベースボールとかいふものには隨分容易に競爭心を起す者でも學問の勉強、研究等にはそれ程容易に起らないものである。併し乍ら學級生活に於ては少し注意をして居ればジエームスの原理を適用し得る塲合は相當に多くあるものである。

第五には**母性的行動及び深切心**を擧ぐべきである。近代の博愛主義及び四海同胞主義はその根柢に於て幼き人間即ち嬰兒幼兒等を抱擁し保持しその幸福を樂しみとしその苦痛を免れしめてやらうとする本能的母性的行動に依賴するものが多いのである。母性的本能は殊に女子に最も强烈であり從來述べた多くの

本能の中でも最も神聖なる要素を含むものと考へられ一方の安寧幸福が他方の滿足となるといふ極めて自然的調和を表はして居るのである。

凡そ婦女子は幼兒の頃より死に至るまで人間の幼稚者に興味を有するものでその本は同情的喜悅並に慰藉に對する本能的活動によるものである。嬰兒の出產及びその前後に伴ふ變化と共に此の本能的活動は特殊の事物に對し異常なる力を以て愛着する樣になる。所謂嚴格なる意味に於ける母性本能を發揮するのである。併し兒童期に於ても出產といふ樣なことには無關係に、ある程度迄活動することは明かである。男兒及び男子と雖も相當に此の本能は有するものでいといふことである。普通人が傳統的に考へて居る程男性に母性的本能が全然缺けて居るものではな見て居つて同情的に微笑するが如き、又はその害となる敵を排除する活動を見ても、その母性的本能の存在は之を認めることが出來る。併し乍ら女兒が早くより人形を愛し母親たる深切さを以て世話をして居ると比ぶればその差は甚大なるものゝあることは事實であるとしなければならぬ。幼兒に食物を與へたり、幼兒の遊戲して居るのを喜んで

一層廣義の深切心、同情心又は憐愍心の如きは先づ第一には、著しく飢餓を訴へ居る人間に注意を奪はれる事、苦しんで居る人間や驚駭して居る人間に注意を拂ひ此等の人々を救ふ爲に積極的行動を執る事、に表はれる。第二には他人が幸福なる行動に出で滿足なる動作を表はして居るのを見ると之に對し積極的に滿足し之を承認する態度をとるのである。可なり賤しい又殘酷なる兒童でも此の第二の深切心はよく發揮するものである。健全なる兒童は事實に於て生れながらにして大人に對して好意を持つことの出來る性質を有するのであるが、勿論それは彼等の利己的目的が達せらるゝといふことゝ一致する範圍に於てゞあるのである。

第六はいぢめる、弱者いぢめの本能である。これは自己保存の爲に要求する以上に餘計な殘虐を行ふ傾向であつて通例無思慮又は人間に對する狩獵的行動の結果と見るべきである。狩獵的行動は一層殘酷なる形の支配的本能と結合して男兒に最も普通なる「弱い者いぢめ」といふ形となる。

支配本能と狩獵本能との誤用の爲に世の中には可なり多くの悲慘事が行はれ

るのを見る。兩者共に强き本能で亂暴なる働きをなし極端迄行かなければ止まぬ傾向を有つて居る。政治家・軍人學校敎師等は此の本能を比較的多く働かす事が出來るのであるが斯かる人物は世の中には餘り多くを要しない事が一つの問題で、學級生活に於てもその圓滿なる生活を營ましめんが爲には、此の本能を發揮する人間に相當の統制を加へなければならぬのである。屢々見るが如き級長組織の弊害の如きも亦此の本能を正當に統御せぬによる事が多いのである。

第七模倣心、此の本能は他人の行動を見てその行動をその儘自分に實現し樣とする傾向であるが、例へば他人が親愛の微笑を以て我を眺むるのを見ては、同樣に我も亦親しき微笑を浮べるが如き、又他人が耳を傾けて居る物には我も亦耳を傾ける。他人が注意して視て居る物には我も亦眼を注ぐ、仲間が一團になつて或方向に走れば自分も之に倣つて走る。他人が喋々すれば我も喋り出し他人が話し止めば我も止む。斯の如く他人が或反應をして居るが如くに自らも反應する傾向は即ち模倣といふ、模倣によつて吾人は他人をモデルとも案内者ともして吾人の經驗を擴張して行くのである。

學級生活に於ては模倣は最も活潑なる役目を有つて居るものである。個性の表はれは各種の方面に相當に强い勢を以て活動を起すにしても、その刺激となる物は學級の同輩たるを失はない。從つて同輩者によつてその個性發展の方向をも或意味に於て制限せられる物である。又共同作業を行ふ時にはその同輩者は互にモデルとなり案內者となり刺激者となつて全體の活動を歸一せしむることの出來るのも亦此の模倣心の致すところである。

第八憤怒心、凡そ本能的活動はその發動を妨げられる時には之に對し吾人はその妨害を與へる人や物を或は打ち或は嚙みつき、或は足で蹴るといふ事を敢てする物である。又時には手近にある何物でも構はず八ッ當りに當り散らされ道具の如き無生物でも破られることもあるものである。之は憤怒心と稱せらるるものである。

以上は主としてソーンダイク敎授の心理說に從つたのであるが共働者及び紹介者としての敎師は兒童の發揮する此等の本能を正當に指導して行く事によつて學級生活を價値ある生活たらしむることが出來るのである。從來の學級敎授

は教科目の教授――よし近頃は兒童中心の思想から學習といふ言葉や考へ方が多少發達したにしてもそれは未だに教科目といふもの〻範圍を脫して居らぬものが多い――にのみ注意が奪はれた爲に此等の生活方面に考慮を拂ふ餘地が教師には無かつた。而して偶々特殊の兒童生徒があつて問題となれば只單に訓練上の問題として之を論じ之を考へるといふ舊套を脫する事が出來なかつた。吾人の主張するところは單なる個人訓練の問題として此等の社會的本能を攻究し指導せよといふのには止まらない事は說明を要しないと思ふから之れを畧す。

第二節　學級心理

仲介者若くは紹介者としての教師は學級の兒童生徒相互の間に互に理會ある生活を營ましめなければならぬ。所謂理會とは單なる知的理解ではなくして他の人の行動云爲をば、その人の情意と共に會得することである。即ちフエルシユテーエンすることである。かかる理會は社會生活としての學級生活に於ては

目的であると同時に手段でなければならぬ。即ち理會といふ手段によつて理會といふ目的に達せしむるのが現代に於ける學級生活の本旨である。然らば如何なる手段によつて學級生活を行はしめたならばその學級生活に於ける凡ての成員をば互に他を理會せしむることを得るであらうかといふ問題を研究する前に先づ吾々は學級生活の心理を研究しなければならぬ。

アダムス氏の學級心理論

アダムス氏はその新著「敎育の實際に於ける近代的發達」のうちに論じて居るが頗る傾聽すべきものがあるから以下暫らく之を紹介して置かう。

一

凡そ「私」といふからには「彼」「それ」「彼等」等は少しも考へないとしても、少くとも「あなた」といふものに對して言つて居る筈である。一般に人代名詞の間に行はれて居る相互の關係は人と人との間に行はれて居る社會的交渉に於て相互關係のあるものであることを象徵して居るものである。「我」即ちエゴーとい

ふものは決してそれ自身で獨立自存するものではない。それ自身の存在を認める爲には他人單數でも複數でも）といふものが必要であつて、その他人の上に自分が反應し得る狀態即ち集團の生活を營んで居らなければならないのである。近世の個人主義的敎育は集團敎育即ち學級編制による敎育をば單なる經濟的必要に餘儀なくされて居るところの止むを得ざる制度と考へて居るけれども、此の意味から論ずれば縱令社會國家の經濟的事情が許す樣になつても恐らくは團體敎授團體敎育の制度は之を廢止することは不合理となるであらう。

抑もエゴー（我）といふ語の中には「他我」即ちアルターを含んで居るのである。勿論吾人は「我」といふものを切り離してそれについて推論をすることが出來る。併し乍ら「我」といふものが生命を有つた有機的の全體となるが爲には「他我」に働きかけるでなければ到底その事は出來ないのである。言ひ換へれば個人は社會に於てのみ個人として認められ得るのであり「我」は「他」に於てのみ生命を見出し得るのである。されば昔の心理學者ロック、レイド、スチユワート、ハミルトン等の人々の個人的心理學は今やバーグホット、タルド、ルボン、マック

ドウガル、トロッタ等の團體若くは社會心理學にその地位を讓らなければならぬ時代とはなつた。

二

偕「我」が「他我」に於てその生命を認むるならば、個々の自我が種々の「他我」に働きかける時には、その當然の歸結としてそれ〴〵異なつた「自我」とならざるを得ぬ。今茲に十四才の男兒ありとすれば此の一男兒が一日の中に活動する狀態を想像して見るならば、彼は種々の人に對し種々の役目を演ずるのである。例へば十八才の兄に働きかける場合と十才の妹に對する場合と父に對する場合、母に對する場合及び敎師に對して働く場合、學級に於て同輩者に對する場合等によりそれ〴〵異なつた「自我」を認め、異なつた人としての役目を果すのである。學級生活に於ける同輩者に働きかける場合にしても、それ〴〵その對象とする人によつて又異なつた役目を果す譯である。より優秀なる人に對しては服從の關係に立つて服從者としての役目を演ずるであらうが、より幼弱にして可愛らしき同輩に對しては或は母性的愛情を發揮して母たる役目を演ずるかも知

れぬ。異なつた人としての役目を演ずるといふ事は必ずしもそれは悪い意味に於て異なつた人として働くのではなくして、「自我」の本質を失はざる範圍內に於てその社會的環境の要求に應じて自ら變化するのである。即ち常に社會心理の問題に於ける一單位として活動する點に於て一貫して居るのである。併し乍らそれは絶對的に獨立せる一單位として働くといふ意味ではなくして、寧ろ彼のラジウムの發見されない以前の化學作用に於ける原子（アトム）の位置に比較すべきものである。原子は化學的には最早それ以上に分割し得ざる物即ち最後の單位として考へられ、而もそれは全然單獨には存在し得ざる物として考へられて居つた。即ち他の物質の原子と結合して分子（モレキユール）を組織して居る。例へば水素の二原子と酸素の一原子とが水の一分子として獨立して存在し、之によつて原子はそれ〴〵十分滿足すべき狀態にあると考へられた。此の意味に於て原子は遊離しては存在し得ざるものと敎へられて居る。故に原子は他の原子を探して何かの分子を形成しなくては存在し得られぬのである。而して分子になりさへすれば安定の狀態にあるものと考へられて居つた。今日の心理學

の教ふるところも全然之と同一である。多くの「我」は到底自ら獨立分離しては存在し得ざること恰も原子の如く、分子に相當する集團（グループ）といふものを組織して始めてその存在を全うし得るものであるとされて居るのである。

三

然るに心理學では未だ化學に於ける「分子」に相當する一般に認められた術語を有つて居らぬ。ジエー、エム、ボールドウイン教授はソシウス（Socius）といふラテイン語を當てた。而して此の語にボールドウイン氏特有の意味を持たしめた。此のソシウスといふ語を社會的分子といふ意味に解しても必ずしも當らないといふことはない。即ち自我と他我との化學的結合によつて出來たる社會分子と解して差支ないであらう。而して自我はその働きかける他我を常に異にして居るから社會的分子は常に流動變化して止まざる物である。多くのエゴー（我）の世界に於て各の「我」は常にその相手を替へつゝある。即ち甲といふ我は乙丙丁等の他我を相手にソシウスを形成しつゝあつて甲―乙のソシウスも出來れば甲―丙も出來、甲―丁も出來る。次には乙を中心としては、乙―甲、乙―

丙、乙—丁等種々のソシウスが出來る。必ずしも二人のみが一つのソシウスを形成するとは限らないので或は甲—乙—丙のソシウスも出來る譯であるからその變化は限りなく生ずる譯である。併し乍ら各の我の常に變らざるところは所謂ソシウスの一部分として存在を全うするといふ點にあるのであることを忘れてはならぬ。

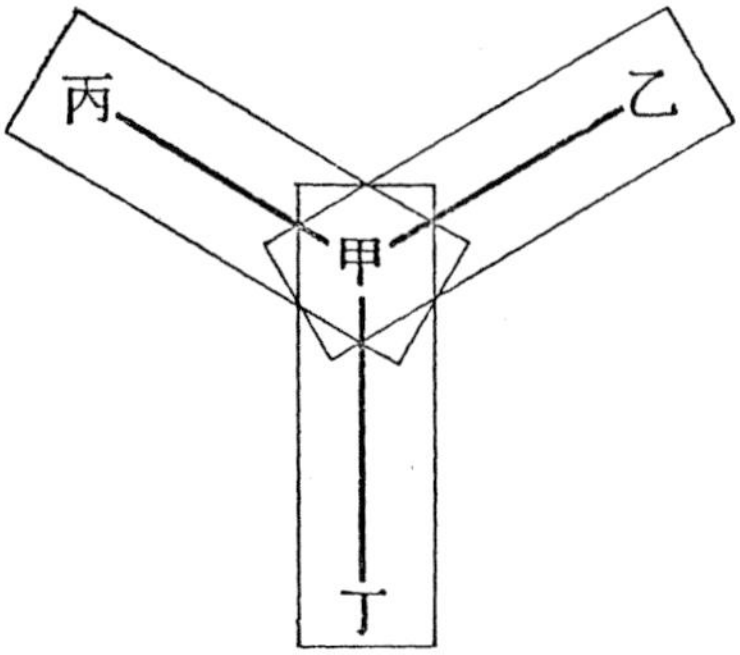

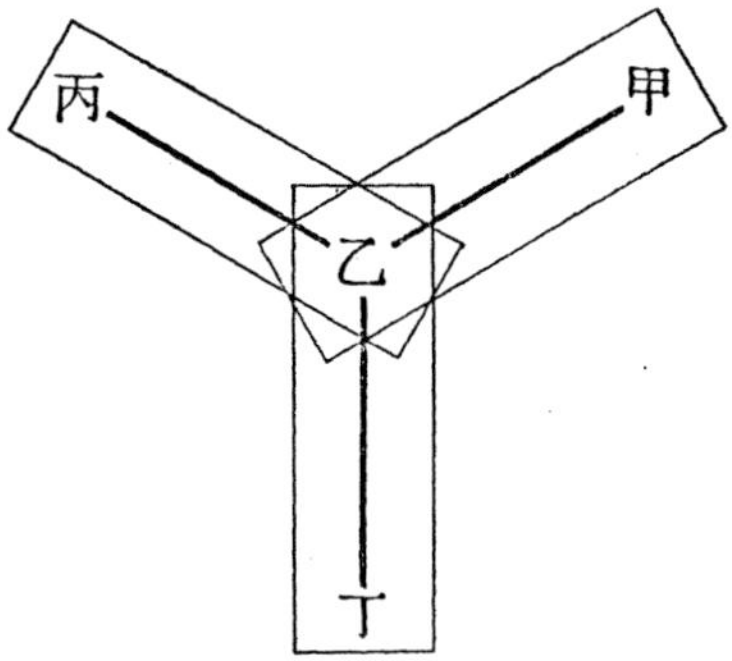

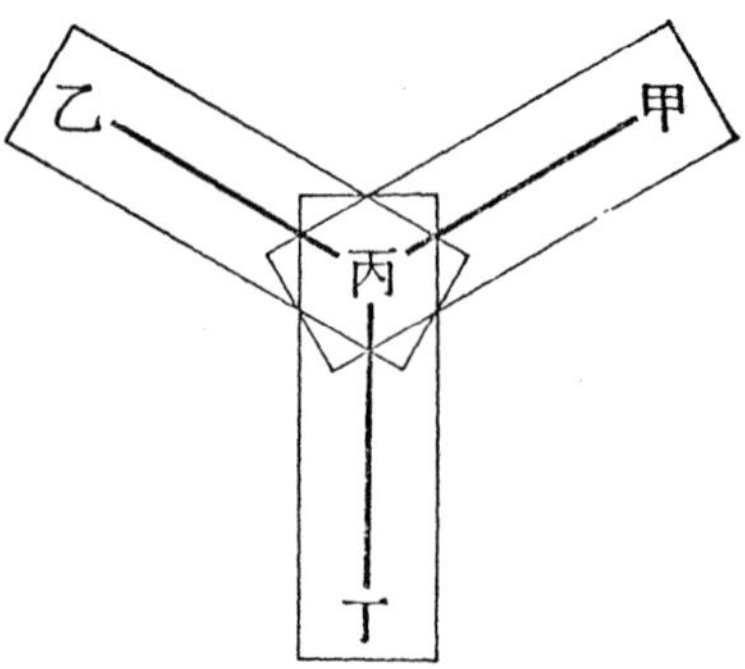

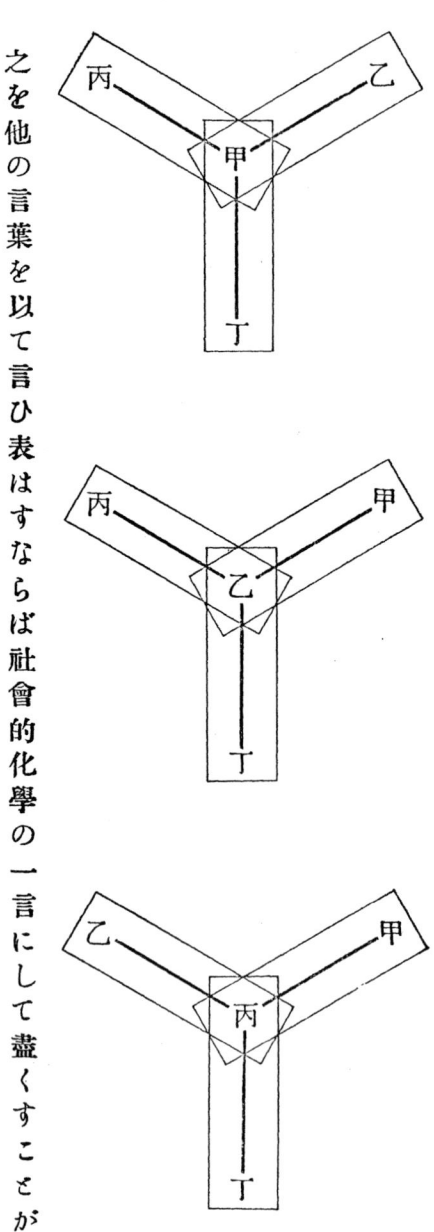

之を他の言葉を以て言ひ表はすならば社會的化學の一言にして盡くすことが出來るのである。而して此の社會的化學現象とは即ち社會的環境に於ける個人

相互の影響であるといふことが出來る。之を日常生活の經驗に徵して見ても、吾人は一時に一人又は數人と交涉するに從つてそれ〴〵異なつた行動をするものである。二人で組を組む時に最もよく本性を發揮して活動する部類の人と、少くとも三人でなければ自我を十分發揮せぬ部類の人もある。斯かる分類法は必ずしも科學的ではないかも知れぬが、實用上には面白い考へ方である。所謂第三者又は第三黨の存在といふことは個人の社會的反應を全然變化させて只相對する他我即ち第二人者のみ存在する時とは全く異つた活動をするものである。家庭の人々の前では行儀のよい子供が客の前へ出ては全く別人の如く振舞ふのも、家庭にては怒りん坊の人が外に出ては愛嬌に滿ちた人であるのも、皆此の原理によるものである。所謂場當りを演ずるといふことも、兒童期の始めから行はれる事であつて、必ずしも俳優的訓練を受けなくても兒童は自然にかゝる性質を發揮するものである。

四

ソシウスは社會的單位といふ意味に解することも出來る。此の單位の集つた

複合體たるある現實の社會にも此の原理は通用するか否かといふ問題は當然起るべき問題である。一般に人間は個人として他我に反應する時と團體として働きかける時とは全く異なつた行動を執るものである。從つて團體になれば個人の時とは異つた他の原理が新しく現はれて來るのではあるまいか。現今の集團心理學の教ふるところによれば集團精神といふものが存在すると考へる。此の考へ方は社會的分子といふ考へ方の當然の歸結といはなければならぬ。併し乍ら幾何の社會的單位があれば所謂集團感情を生ずるかゞ又問題となる。數學的にいふならば一人より以上を要することは勿論であるがその解決は甚だ困難である。

同輩が共同に旅行をする時にも二人がよいか三人がよいかそれとも四人がよいかを研究した人の報告によれば二人は一日の中の分離して別々になつて居る時間を適當に工夫すれば最もよい組合せである。三人は時々生じて來る問題に應じて二人對一人の組合せに分れることになり、その間二人となつた甲と乙とは一人となつた丙と一時的に分離して居る。又場合によつては甲と丙とが二人

となり、乙は一人となつて分離することもあり、至極氣樂なものであるといふ理由の下に之もよい組織とされて居る。併し乍ら二人對一人の關係が餘り著しく固定的になれば、三人の内のある一人が比較的永久に除外されて他の二人との有機的結合が破れるといふ困難點がある。四人は二人對二人となる強い傾向があるので危険の多い數と見られて居る。客を招待するにもその數は果して幾人位が適當であるか。多くの人の經驗によれば六人が最もよいとされ、ある人は八人がよいとして居る。此の人數はテーブルの形にも關係がある。併し大部分はしようとする談話の性質に依るのである。凡そ一つのテーブルはかゝる社會活動の一單位をなすべきものであるから一つのテーブルにある人々は同一の題目について談話し各個人がそれから分離せぬ樣にしなければならぬ。ロンドンのある晩餐倶樂部は會話が一單位をなさなくてはならぬといふ嚴重なる規則を作つた事もある位である。

要するに單なる集合では必ずしも心理的一單位を形成しないことは明かである。例へば一つの電車に多人數の乘客がそれ〲自分の座席に座を占めてある

方向に進んで居てもそれぐ異なつた思想や感情を有つて乘つて居つたでは何等社會的結合をなして居らぬのであるが、何か共通的興味の事件が起る、例へば停電とか一乘客と車掌とが爭論を始めたとかいふ事件が起れば爰に心理的一單位を形成するに至るものである。即ちその人數に於て又その各人の性質に於て何等此の事件突發以前と異なつたことはないが、その群集は忽ちにして一團となつて行動し、前とは全然異なつた一團となる。即ち單なる集合から心理的一單位となつた譯である。前とは全然異なつた一團となつた以上は前とは全然異なつた狀態の行動に出るのは當然のことである。

所謂群集心理は即ち是であつて此の心理は必ずしも數學的計量を以つて推理することは出來ない。計算といふ手續で考察することは出來ない。全然新なるものである。之を物理的混合に比して化學的結合即ち化合と稱してもよいのである。その要素たる各人の性質に何等因果關係もない樣な狀態に反應する物である。而してグスターヴ、ル、ボン氏は此の活動に關して面白い說を述べて居る。曰く「群集の叡智はそれを組織して居る個人個人の平均智能よりも遙に下

であるばかりでなく幾分異なつた性質を有するに至る物である。又群集の道德性はその成員の平均の程度よりは遙に上か遙かに下かであり、意志の力も亦同樣である。」と。要するに群集といふ物は普通の人間、平均的の個人が表はす樣な性質とは幾分異なつた性質を表はすものであることは事實であるらしい。されば數學的算術的の平均を求めてその集團の心理を推察してもそれは事實に到達することは出來ないと同時に集團に對したる時に算術的平均の個人、通常の個人に對する樣の心得で居つては到底その集團を指導することは出來ぬ譯である。斯かる原理の發見は必ずしも新しい發見ではない。實際的には原始的の狩獵者などは野獸群の外界刺戟に對し特殊の行動をするものであることはよく之を知つて居つて實際的に利用した。エジプトの宗敎家や政治家なども人間の集團活動には特に注意を拂つて研究したものである。敎育界に於ても昨今の問題ではないが未だ十分研究せられず、その進步甚だ遲々たるものがある。即ち昔の敎育家はその理由は知らなかつたのであるが集團行動の現象といふものには非常に親しみを持ち之を熟知し、之に善處するの道を心得て居つたものである。

然るに現代に於ては只此の現象を本能に歸するの外別に進歩した說明も學說もないのである。

されば此の現象は少くとも一の大問題であつて之を取扱ふ方法は大に研究されなければならぬものであることは何人も認むるところである。

五

集團の行動に關しては先づ今日迄では佛蘭西のガブリエル、タルドがその「模倣の法則」に於て論じて居るところは權威あるものとされて居る。タルドの前にウォター、ベーグホット氏の如きヘルバルトの如き皆人間精神を物理的の力の交渉に歸して考へ物理學の原理を社會的生活にも適用しようと試みた。此の派に屬するものとしてはアメリカにはティチエナー氏があり、同氏は將來の心理學書は現代の物理學書と同樣に數學的公式を以て充たさるるであらうと言つて居る位である。現今それ程迄にも進歩しては居らぬとしても既に集團行動の知識を向上させる上に有益に適用し得る法則の二三は既に硏究せられて居るといふことが出來るのである。

タルド氏の模倣の法則は動物及び人類の集團活動の説明には大に役に立つ法則である。此の法則によれば模倣は二つの樣式で働く、思慮的模倣と非思慮的模倣とである。幼兒が言語を覺えるのは大部分は模倣である。而して最初は彼等は思慮的に模倣はしない。思慮的に模倣する時代が來ても模倣の方法などは知らないのである。人の聲を眞似する時でも如何にすればその音が出るのであるかといふ樣な知識は無くとも眞似が出來るのである。思慮的模倣の時でさへ斯の如しとすれば非思慮的模倣の場合は推して知るべきのみである。

模倣は單に物理的階梯に止まつてはならぬ。吾人は身體的運動の模倣と同樣に精神狀態をも模倣するのである。漠然と同情と呼ばれて居ることは實は模倣の精神的方面である。同情といふ語の語源を見れば直に分ることである。同情といふ語は「共に感ずる」「共鳴する」「自分を他人の位置に置く」といふ語源を持つ言葉であるが即ち之は明に模倣の一場合で非思慮的模倣に屬する。而して同情といふ語は時々苦痛に共鳴することにのみ制限せらるゝ傾向があるが必ずしも之に制限してはならぬ。喜悅に對する同情といふこともある、此の點に於て

獨逸語は日本語英語よりは長所を持つ。同情又はシンパシーの一語に對しドイツ語には三語がある。ミットゲフユールといふドイツ語は他と共に感ずる即ち同情に當る言葉であるが之が共通的の意味に用ひられミットライドといふのが悲しみを分つこと、ミットフロイデといふのが喜びを共にすることである。凡そ同情は如何なる種類のものでも傳染性を有して居る。人間の集團は身體の模倣に關して暗示にかゝり易いと同樣に精神的模倣に對しても暗示にかゝり易い性質を有するのである。一體身體的のものと精神的のものとを全然明かに區分することが出來るか否かも疑問である。彼のランゲ＝ジエームズ＝サザランド說の證明するところによれば身體的の模倣は、その本質に於て、より多く精神的なる同情と同性質のものであるとされて居るのである。

六

所謂モッブの行動は即ちモッブとしての模倣的同情的基礎の上に立ち、その內容としては人類の原始的の性質に賴つて行はれるものである。從つて興奮した群集は實は人類の原始的祖先の集合體たるに過ぎぬものである。之に對し近

代的の文明施設といふものは各個人をして所謂モッブといふものを形成する性質を取り除かうと努めて居るものであるといふてもよい。之と同様に吾人が學級の心理を研究する目的もその程度こそ異にすれ、實は學級の成員各個をして原始的性質から遠ざかつて文化人の性質を有たしむる爲の生活は如何なる生活であるべきかを研究するにあるのである。

凡そ個人の中に無意識に潜在する秘密はその個人が集合體の一員となつた時には一層強烈になつて來る。蓋し個人心理の場合には個人の意識の中に統一力といふものがあつてその人が無意識にならない間は有力に働いて居るが、集合團體の場合には未だ嘗て統一力の示された場合が無い。個人は最初に無意識の階梯があり、その階梯から個人の意識を發生したが如くに、集合團體といふものも現在は猶純然たる無意識時代にあるので切りに集團意識の發展を待つて居るのかも知れない。而して集團意識といふものゝ發生は、尙社會の一層發展した時でなければ起らぬのであらう。

集團意識は兎も角もとして、吾人は先づ集團活動といふものを起すに必要な

る個人間の交渉を分析し少くともその外形的の表徴だけでも吟味しなければならぬ。勿論それは皮相的の吟味になるであらうが現在に於ては止むを得ない。群集活動の特徴ともいふべきものが、原始時代に歸るといふにあるとすれば、所謂群集精神を起すには餘り理窟を言はない人間の集團よりも教養のある群集の方が餘程困難であるといはなければならぬ。蓋し教育を受けたる人民は容易に原始的活動に訴へることは出來ないからである。又團體行動を起す始めの時期には餘程の困難を伴ふので、一旦行動を起して仕舞へば教養ある人の團體でも其の後は勢ひ以て相當に長續きのすることであらうと思ふ。されば一團の人に團體的共同活動をさせようとする場合はその「始期」が最も大切であることはいふまでもない。

七

次に群集が遠慮をせずに原始的行動に訴へる過程は如何なるものであらう。之には二つの力が働く譯である。融合と抑止とである、各個人に共通なる要素は互に融合して力となるに反し、個人に特有なる性質や比較的少數の分團にだ

け共通なる性質は全體の心を一致させる要素となる力は乏しく、寧ろ成員相互の活動を妨害し遂に抑止させるのである。即ち一方には融合作用が行はれ一方には抑止作用が行はれて爰に群集は思ひ切つて原始的行動に出でることが出來る譯である。

萬人共通の性質といふものは本來の力に於て優越的であるのみならず數に於ても驚くべき多數に昇る譯である。爰に今普通な平凡な人間が一人居ると假定すれば此の人と彼の世界的文豪として何人も異論を有たないところのウヰリアム、シエークスピアと比較しその類似點と相違點とを列擧して見たならば恐らくはその類似點のみが著しく多數で相違點は著しく少ないものであることには何人と雖も驚くであらう。勿論その相違點が重要であるといふことは事實として認めなければならぬ。併し乍ら分量的にいふならば類似點に於て一致するものが多いことを思はなければならぬ。されば群集に於ては差違點の數は到底一致點の數に比較することは出來ぬのである。

此の論は人間の粗大なる活動の要素にはあてはまるけれども智能叡智といふ

方面に於ては必ずしも當てはまらないといふ説をなす人もあるが、その點に關してはグスターヴ、ル、ボン氏は陪審官の例によつて必ずしもその説の正しからざることを證して居る。即ち千八百四十八年以前に於ては陪審官として敎育ある階級から人選を行つた。即ち學校敎師、官吏、學者等であつた。然るに今日は商賣人、番頭、傭人等でも皆構はず陪審官とされる。蓋し統計によれば、敎育ある階級の陪審官も敎育なき階級のそれも、その判決に於て同様の結果を齎らしたのである。勿論判決といふものゝ與へられる時はその公分母が餘りに小さくして必ずしも集團心理とは言ひ得ないかも知れないがその場合に於てすらも人間性の共通なる點だけは同様に現はれるといふことは敎師としても知つて置くべきことであらう。

第三節　群集と學級

一　心理的統一體

吾人が通例「學級」と呼びなして居るものは明かに集合體である。一種の群集である。心理學者の分類によると群集にも種々の種類があるが、その中の等質の群集でお互に名も知らない不等質者で組織されて居る群集とは異なつて居る。學級は等質の好範例である。何となれば年齢も大體同一で、同様の社會的階級に屬し同一の傳説を有ち、運動競技の如きものにも同一の態度を採る。殊に學級作業の關する範圍に於ては同様の精神内容を以て作業に從事する。それは學科に對する業績が大體同じであるから同一學級に入れたからである。併し乍ら學級といふ群集を特色づける物は必ずしも等質ではない。寧ろその成員が「互に他を知り合つて居る」事である。即ちノンアノニミティーといふ點にある。此の點が群集と學級とを區別する要點である。

學級が一つの學級として取扱はれ所謂敎授をされて居る間はその特殊の成員一人一人の個性を顧慮する必要はない。併し乍ら學級である以上はその各の生徒は自分が個人的に先生にも同輩にも知られて居る、先生をも同輩をも知つて居るといふ事を知る事實こそ此の學級を他の群集例へば歡樂の爲に集まつた活

動寫眞館内の群集と區別すべき要點である。活動寫眞を見に行つて居る群集の如きは等質といふ點からいへば或は學級以上かも知れないがその一般的行動は互に他を知り合つて居る學級の行動とは全然異なつて居るのである。之が學級擔任者の特に心得べき點であつて「互に他を知る」ことが集團としての學級の特徴であるならば、互に他を知らないが爲に起る諸種の行動が起つた時に敎師は責任を以て互に他を理解させなければならぬ。之吾人が前に紹介者又は仲介者としての敎師の立場を論じた所以である。而して互に他を知るときの知るといふ意味は漸を追ふて深くなつて行かなければならぬ。之を深めて行くことは敎師の任務の中重大なるものゝ一つである。既に知らせた以上は知つた人も知られた人も相互に他を理解して居る譯であるから各個人は責任ある行動に出でる譯であると同時に互により深き生活を味ひつゝある譯である。之がやがては集團としての學級の行動を原始的行動に遠ざからしめ、より高き文化生活に入らしむるの素地を作るのであり、モッブとしての群集でなしに集團意識のある、即ち統制ある群集となる階梯を踏むことゝなる譯である。

二　分散と結合

以上吾人は學級の心理的統一體たることは論ずるまでもない事として考へて來たのであるが、學級は必ずしも常に心理的統一體であるとは言ひ得ない。學級が一全體として活動する時、例へば敎師が全學級に向つてする所の說明や解說を全體が聽聞して居る時、若くは黑板上で敎師が行ふ所の圖解や證明に全體が注意して居る時の如きは、即ち心理的統一體となつて居るのであるが、斯樣の時にも往々にして一二の生徒は注意を他に奪はれて仕舞ふ事がある。それでも先づ心理的統一體として認めて差支ない。併し乍ら、敎師が生徒に何かの練習作業を課するとか暗誦作業を課する塲合には最早心理的統一體ではなくなつて仕舞ふ。即ち各々自分の仕事をして居る人が集つて居るに過ぎないものとなる。

此の種の作用は分散及び結合といふのであるが斯かる分散結合は學級に於ては終始行はれて居る。而も敎師は常に此の交代を知つて居りつゝやらせて居る

のである。時には教師の欲せぬ時にも分散が起る事がある。又知らず識らずの間に此の交代が行はれることもあるのである。多くの教師は此の變化には常に鋭敏なる感じを持つものである。講義者說教者等も亦聽衆の注意を失つて仕舞つた時には敏速に之を意識するものである。その時に「熟練家」といふ者はその失はれたる團體精神を回復する方法をよく心得て居るものであるが、經驗の乏しい教師は仲々之を行ふことが困難なものである。又時には教師自身の散漫なる注意が原因で分散が起ることもある。熱心なる教師が、緊張したる態度を以て自ら注意を集中するならば、全體を心理的統一體として結合させる事は易々たるものである。之學級の社會生活の爲に教師の「熱」を要する所以である。

分散は時には生理的事情で起ることもある。生理的事情の中には、教師が多少手を盡しさへすれば改まるものもあるが、人力では如何ともしがたいものもあることを知らなければならぬ。最も普通に起る原因は仕事が面白くなくなつた事即ち退屈によることがある。之に對し有能なる教師は直に之に處する方法を工夫することが出來る。即ち興味ある實例を示すとか、一時學科を變更する

とかいふが如きこともよい。敎師として特に注意を要することは結合と分散とを適宜に交代させることが學級を心理的統一體として健全に働かしむるには必要缺くべからざるものであるといふことを認むる點にあるのである。

以上は必ずしも敎授の單位としての學級を論じたのではなくして學級をして心理的統一體たらしむるが爲に必要なる事項を研究したに過ぎぬことを明かにして置きたい。

敎師の熱心の必要なることは常識を以ても明かであるが、以上の論によつても心理的統一體たらしむる一つの力は、敎師その人の熱であることは明かであらう。而して此の「熱」が又傳染性を有することは、先に擧げたる同情と全く同一であつて、若し敎師の熱が或內容に傾けられ、それが緊張した態度となつて學級を心理的統一體として結合せしむる時には、學級は單なる社會生活に於て完全の途を步みつゝあるのみならず、その生活內容に於ても價値ある生活を營みつゝあるといふことになるのである。

三　リーダー

學級の先導者即ちリーダーといふものは學級を心理的統一體として取扱ふ上に於て多少の面倒を起すものである。動物の群を扱ふ樣な人間でも動物の中にリーダーとなつて居るものに注意を拂はずには居られない。動物の群集の中にもリーダーはあるのである。動物の中のリーダーは體力の强いこと、立派な體格、從つて適當なる行動をとる力のあること等は、そのリーダーの資格として重要なものである。學級に於ては「より微妙なる資格」を要する。勿論體力及び身體美は學級に於けるリーダーの資格を作るに價値あるものである。併し乍ら他の性質でより專賣的でない性質がある。即ちリーダーたるの威信をよく說明するに足る言葉としては卓越して居るといふに過ぎぬものである。即ち優越なる位地に置くことの出來る人間といふに過ぎぬものである。所謂「卓越」といふ語は精確にリーダーとして必要なるものを完全に言ひ表はして居る。何か特殊なる性質が卓越して居らなければならぬといふ意味ではない。何でも他の凡ての者

とそのリーダーとなるべき人とを區別すべき何ものかゞあればよいのである。

　學級のリーダーたるものは何れかの形で威信がなければならぬ。その個人に固有なる人格的性質が最も重要である。殊に社會的關聯に於ける諸性質が重要である。人によつては、自分が表面に立つよりも寧ろ自らは背景になつて居つて、他人を通して活動させるに妙を得て居る人物もある。

　凡そ人間は力の所有とか力の實現とかいふことに關しては二種類に分けることが出來る。大部分の人間は力をも所有し之を働かせたい方の部類に屬する。而してその特徴は兎に角力が外に現はれさへすればよい點にある。從つて實際の事實にどんな事が起らうと問ふところでは無いのである。他の少數者の屬する部類は、現實に事實に於て權力を所有しさへすればそれで滿足する人々である。從つて誰が之を實行しようと問題にはしないのである。

　リーダーの中にも二種類ある。第一種のリーダーは表面に立つて働くことを好むリーダーで、第二種のリーダーは眞實のリーダーである。第一種は運動型に屬し外向性を有するに對し、第二種は感覺型で内向性を有して居る。

學級を最も有効に統御して行かんとする教師は學級のリーダーを考慮の中に入れない譯には行かない。而して全體としての學級の善のためにリーダーを賢こく使用して行かなければならぬ。此の意味に於て學級擔任者は「學級指導者の指導者」たるの立場に立つものである。即ち最後の而も最高の指導者として立つて居る譯である。併し乍ら敎師の行ふ指導と學級内のリーダーの行ふ指導との間には差違のあることを認めなければならぬ。敎師でない學級指導者はその學級の中に居る指導者であるのみならずその學級の所有して居る指導者でなければならぬ。彼は學級の一部を形づくらねばならぬ。又學級の集團感情の中に入り込まなければならぬ。その同輩を動かす刺戟に對しては自らも反應しなければならぬ。言ひ換へれば同輩と一體にならなければならぬ。併し乍ら實際に於ては屢々學級のリーダーが、同輩と一體であることから自ら離れて、多少外部からの指導者らしい態度を執ることがある。斯かる場合には、事實に於て、敎師の位地を奪つて仕舞つたものである。何となれば敎師こそ眞の意味に於て外部からの指導者であるからである。例へばモッブの全然外に立つて居つて、そのモッ

ブを自分自身の目的の爲に利用するが如き種類のリーダーは實はそのモッブのリーダーではなくして、モッブを道具として使用するところの外團の人物であるからである。斯の如き外團の人物としての立場をその學級の中のリーダーが執るといふことは根本的に惡いといふべきでも無いが、敎師にとつて重要なる點はそのリーダーがその態度を執ることによつて生じたる新しき境地に應ずる爲に、如何なる態度を採ればよいかといふことである。即ち學級の中のある一人がその仲間から自分だけを區別する樣になつたならば、敎師は必ず之を外面的に平等の水平面に置いて取扱ふ樣に態度を定めなければならぬ。例へば級長の如き役目を與へ特別の地位を與へてその級長になつたものを特別に徽章を附けるが如きは學級の自然的のリーダーとは全く異なつたものにして仕舞ふものである。級長の如きものは一定の規則の上に於て認められた權威といふものを持つ。從つて彼等が級長とならない以前に於て仲間の間に本來いくらか有つて居つた威信といふものを級長となつた事によつて更に之を增加するのである。

自然的の學級のリーダーを取扱ふことは公に認められた役目の上のリーダー

即ち級長といふものゝ取扱ひとは自ら異なつて居るべきものである。級長は權威を代表するもので規律秩序の維持者といふ側に立つ者で敎師と學級との間に意見の相違が起つた時には、勿論生徒の側即ち同輩の側に忠實に考へて同輩側の意見を支持すべきではあるが、結局は敎師側に立つものである。此の點は學校が普通の社會と異なるところであつて、學校に於ては先づ敎師が存し、而もその敎師は生徒の爲にのみ存して居るといふ條件が、普通の社會と異なるところである。されば級長の如きものも、普通の社會慣習に從つて生徒をして選擧せしむるといふことも認めてよいのであるが、學校に於ては選擧必ずしも最後のものでなく、敎師は眞に不合理を認めたらば、選擧の結果を不認可とするの權利を保留して然るべきであらう。

以上は正式のリーダー若くは公式のリーダーといふものに就てゞあるが、尙理想的にいふならば吾人は此の形式を踏んだ、公式のリーダーといふものに餘り依賴することよりも、寧ろ所謂「自然的のリーダー」といふものを極めて自然的に敎育的に取扱ふことを主張せざるを得ないのである、所謂級長制度の如き

は、その學校の歷史にもよることであるが、ある特殊の生徒兒童といふものに特殊の權能を能へることによつて、却て自然的リーダーの發生や活動を抑止するの結果を生み出すことゝなり、眞の社會生活を各人に平等に味はしむることを妨げることゝもなりはせぬかと思ふ。さればリーダーに關する理想的の考へ方としては、時々に起る問題や事件に關し、それ〳〵リーダーたるに適切なる人物が出て、その時々にその時々の人物によつて解決をさせて進むといふ樣にし、所謂自然的リーダーに依賴して學級を經營することが大乘の道であると思ふのである。

第五章　學級經營の方法

上來述べたところは、所謂新敎育に於ける學級經營の如何にあるべきかの大體を、稍根本的に說明し、その根據となるべき心理學的の原理をも附け加へた譯である。

抑も學級經營といふ樣な實際的の問題は、要するに方法上の問題であつて之が指導原理といふのも餘り深い根柢を哲學的に追窮しても實効に益のないものゝである。上來述べたところをよく玩味するならば、やがて學級經營の方法に關する實際問題は自ら解決せらるゝに相違ない。併し乍ら尙本章を設けて學級經營の方法について多少の說をなさんとするものは即ち上來の所說をして一層確實なる實際的價値あらしめんとするの婆心に過ぎないのである。

第一節　目的と方法

本論に入るに先き立ちて先づ明かにしなければならぬ事は目的と方法との關係についての問題である。ヘルバルトの敎育學の原理によれば敎授は敎育の目的を達する方便であつた。而して學級敎授は此の理論を實施する主なる手段として用ひられたものである。然るに實際に敎授の局に當る者が此の敎育の目的を常に明かにして居らなかつた結果は、單に一定不變の手段を繰り返すことによつて方法は盡されたものと心得、目的の達成せられたるや否やを顧みる暇のない中に、遂に敎育は敎授といふ手續上の仕事に成り下がつて仕舞つたのである。

目的の爲に方法を實施する場合に、方法の爲の複雜なる手續に沒頭したる結果、遂には目的を見失つて仕舞ふことは敎育の如き精神的抽象的の仕事には往々にして陷り易き弊である。蓋し吾々は精神的の事業に從事して居る場合に、

成し遂げるべき最後の狀態について明確なる觀念を持たないことがある。否目的に對する明確なる觀念はあつてもその實現の狀態に於て具體的に要求をすることの出來ぬ場合が多い。左樣な場合には吾々は往々にして目的と方法とを取り違へて仕舞ふのである。何となればいくら勉強してやつてもそれが形の上に現れて來て目的を達成したか否かを反省するが如き機會も乏しいのであるから、未だ方法が盡されないといふ考が起り方法に熱中し、遂には方法の外何物も眼中にはなくなり、爰にその方法そのものを究局の目的と思ひ違へて仕舞ふのである。之を學級經營について一例を擧げるならば「敎室を靜肅に」することはそれ自身が目的ではなくして、一つの手段である。然るに昔嚴格なる先生は「靜肅」そのものに價値を認めた結果として、如何なる代價を拂つても「靜肅」にしなければならぬといふ說を立て所謂ピン＝フォール＝クワイエット說といふものが出來、假令針一本が床の上に落ちてもその音が聞える位でなければならぬとした。そしてそれが實際行はれることを以て學級擔任者の誇りとした事もあつた。それが爲に學級は甚だ窮屈なる生活の場所となり仕事を喜んでやること

も仲々出來ない場所となつて仕舞つた。教室が靜肅でなければならぬ理由は、靜肅といふことが注意を集中するに必要なる條件の一つであるからである。仕事が出來る條件の一つであるからである。正しい仕事の習慣を作るに必要なる條件の一つであるからである。然るに針の音もしない樣な條件の下で仕事の習慣をつけるといふことは、やがて實際社會生活に於て傍に多少の妨害があつても注意を集中することの出來る人間を作るに不適當である。即ち仕事をする習慣を絕對的靜肅の下に作らうとするのは、壓制的方法で作ることゝなるのみならず、學校外の普通の條件の下で考へたり働らいたりすることに、兒童を不適當ならしむることゝなり、結局敎師は敎育の目的を自ら破ることゝなるのである。

以上は只その一例に過ぎないのであるが、此の部類に屬する實例は今日の敎育界には澤山にある。敎師が目的について明確なる意識を持たない時には、仕々にして方法や手段を誤つて目的と心得たり、又は仕事が漸く始まつたばかりの物を、それで目的は達したと心得たりする樣になる。所謂「躾」と稱する物の

中には屢々此の種の過誤が潜んで居ることは敎師の反省により直に明かになることであらう。但し之が爲に吾々は「躾」を不必要とするものでないことは勿論である。

目的が不精確であれば時間の損失を來すことも亦考へねばならぬことである。若しも一日中を通して一つの明瞭なる目的が貫徹して居れば作業の時間であらうが休憩時間であらうが、一貫した敎育の精神によつて色彩づけられなければならぬ。休憩時間は一時仕事を休み安息するのであると考へるのは、一貫した目的が到徹して居らないのである。成る程休憩時間は安息の時であらうが、併し乍ら一日中を通しての目的がある時には、「安息」以上の何物かでなければならぬ。言ひ換へれば安息にも目的がなければならぬ。即ち學校を生活の場所と考へ學級を生活共存體と考へる思想が明かであれば、それは朝登校の時から夕歸宅の時まで、一つの價値ある連續したる團體生活を營ましむることが目的とならなければならぬ。運動場の隅々に三々五々ブラ〳〵して居るが如きは新しい敎育を俟つまでもなく、餘り感心した休憩時間ではない。休憩時間は單なる

休憩ではない。仕事の變化でなくてはならぬ。遊戲而も自發的遊戲の時間でなくてはならぬ。全兒童全生徒の共同遊戲でなくてはならぬ。その遊戲は一定の社會的•休養的•道德的•智力的價値を生ずる樣に計畫せられなければならぬ。それが爲には指導せられなければならぬ。目的を有たなければならぬ。生活の指導であり敎育の目的に副はなければならぬ。敎室に於ける勉學と同樣に遊戲も指導監督しなければならぬ。而して斯かる遊戲に對し相當の明瞭なる確實なる目的を規定することが出來ることゝなれば、學校の一日の時間の中の從來まで時間の浪費と考へられて居つた時間に、兒童敎育の可なり大なる部分を成就することの出來ることを認めずには居られないことゝなるであらう。

此の事は休憩時間のみに限られない。敎室に於ける仕事の順序方法を精細に考察して見れば無意味に費されて居る時間の多いことに心附くであらう。例へば一齊に仕事に着手するといふことを重んずるが爲に敎授時間の始期に於て或は用具或は材料又は携帶品等の分配や始末等に多數の兒童生徒が無益に時間を費して居ることは、甚だ大なるものがある。若しこれを仕事の目的の爲にのみ

全時間を完全に十分利用し得るならば恰も休憩時間のそれの如く最も多く教育の目的に副はしむることが出來るであらう。學級全體が討論をする場合にも教師が問答をする場合にも之を團體生活として見た場合に個人が十分準備して居らないが爲に多數の時間を空費して居ることは著しいものである。又ある優秀兒童の討論の爲に多數の劣等兒童は無意味に時間を空費して居ることも著しい事實である。凡て此等の活動は目的が明確でない爲に日々のプログラムも散漫になつて居ることは著しき事實である。此の日常生活のプログラムをして教育の理論に從ひ目的に副はしめることは即ち學級經營の方法論が研究すべき問題であつて學級經營法こそ實に理論と實際、目的と方法及び手段等の對立を圓滿ならしむるものであるといはなければならぬ。

第二節　生活團體としての學級經營

學級の成員全體を一團として生活團體と見た場合に、それは全體としても又

その成員個人としても住心地よき居心地よき生活の團體でなければならぬ。その生活の本據となるべき場所は敎室である。されば先づ問題となるは生活の本據としての敎室でなければならぬ。生活の本據としての敎室は、その成員の何人にとつても學校の中に於て最も多く「我が家庭」「我が家」の感を起さしむるものでなければならぬ。それが爲には眞の父母兄弟は居らぬとしても、敎師と同輩それは皆我が父たり母たり兄弟姉妹たる人々の延長であると思はしむるだけの條件が必要である。同輩は大體に於て年齢は同じであつてもその發育からいふてもその間に自ら甲乙があり兄姉たり弟妹たるに類似した關係は出來る譯である。その一團が一室を本據として生活する時に我が家我がホームといふ感じを生む譯である。此の意味に於て敎師はその家長たる襟度が欲しいものである。生徒は之を父母とも仰ぎ同輩は之を同胞の誼をも持つことを理想とする。敎室の内面は生活の場所として共通の興味あるらしき室内の裝飾も必要であらう。机腰掛の外にも、彼等の生活上欲求せらるゝものは自ら備はつて居る樣にすることは即ち生活の場所としては最も必要のことであらう。低學年であるならば

共に座して語る程の腰掛ならぬ座席も必要であらう。可愛らしき人形や小鳥や小猫なども、生活の友としては意味の深いものである。植木鉢も一つ二つは必ずあるべきものであらう。兒童が自分の家とするに必要なるものは自ら考へ出すこともあらう、敎師の刺戟暗示によつて、兒童生徒は自ら より多く家庭的の生活の場所とする努力がなくてはならぬ。

共に生活する上に必要なる條件は飮食を共にすることであらう。お辨當といふ言葉は此の場合生活を共にする團體に於ては似合はしからざるものである。一緒に御飯を頂くといふことが自ら兒童の口から出る樣になればそれは生活の場所としての學級敎室がその使命を全うしたものであらう。

敎師が缺勤しても同輩が缺席しても、その變化は直に同一家庭の人々の變化の如くに全學級の人々に刺戟を與へることは即ち生活の場所としての學級に自然に生ずる現象であらう。又その各個人の家庭に於ける吉凶禍福の出來事の中、兒童の生活を刺戟するものは、相當に學級全體をも動かすようになることは、即ち生活團體としての學級經營者の見遁してはならぬことである。

敎室内の物質的事項にも亦生活の場所としての學級は特殊の注意を要するものである。營繕でも備品でも用具でも凡ては自分の生活と離れたもので無いからそれが學級全員の頭を支配することも當然のことである。凡て此等の問題は必竟するに何の爲であらう。生活は生活の爲の生活ではなくして、敎育の爲の生活である。されば學級生活を通じての敎育的目的は之を明かに意識しなくてはならぬ。要するに「共存」の一語は即ち此等の凡ての生活に關する事項の中心點となるものでなければならぬ。共存を體驗し、共存の價値を經驗し共存の何者なるかを意識することは即ち生活團體としての學級經營者の寸時も忘れてはならぬことである。而して諸多の事項は此の目的に對する手段方法に過ぎぬことを意識しなければならぬ。

第三節　仕事の團體としての學級經營

學級は單に生活の團體であるのみならず、仕事をする爲の團體である。之が

爲に先づ必要なる條件としては、兒童生徒がその學級の一員となれば、直に仕事の衝動を刺戟せらるゝ樣な經營が行はれなければならぬ。即ち敎師は先づ「自ら働らく人」「働く手」でなければならぬ。それは自ら兒童生徒を刺戟して働らく人とさせるものである。次にはその生活の塲所たる學級は勿論、學校全體の空氣も働らく學校、學級の空氣も亦働らく學級、となつて居らなければならぬ。物質的方面からいふならば兒童生徒の着手しさうな仕事の題目が捉へられた時に直に着手し得る材料が與へられるといふ自由さが與へられて居らなければならぬ。尙詳しくいふならば材料の自由、道具の自由、時間の自由が相當に與へられなければならぬ。

單に仕事をすることのみが主なる目標とはならない。學級の中には心理的統一がなければならぬ。即ち共通の興味を基礎とする共同の作業が行はれなければ仕事の團體ではない。之が爲には仕事の題目の選定が重要なる問題となる。その仕事が餘りに單純で分化分業の餘地のないのもよくないし、餘りに小さくて全學級の力を要せぬ樣なものもよくない。要するに仕事の大きさ、困難さ、

複雜さ、之に要する技能や知識がその全體としての學級に相當して居るものであれば、選擇せらるゝ條件を具備して居るものである。之に加ふるに文化價値が認められゝば乃ち選定して共同作業とすべきである。而して此の仕事の題目は兒童生徒の生活そのものと密接たるべきは勿論である。

共同の方法についても攻究すべき問題は多い。一學級三十人四十人五十人等の兒童をそれぐ\如何にして共同的に作業せしむべきか、此等は尙研究の餘地ある問題である。吾人の經驗によればある種の具體的の仕事の爲の小分團は最小は二人であるが最大でも六人を超えない方がよい樣である。既に社會心理の章に於ても述べた通りであるから之を省畧するが、最大限を六人とすることは小學校兒童の共同能力に適應したものと思ふ。從つて三十人で以て一學級を組織して居れば五小團となり四十人ならば六乃至七小團となり以下之に準ずるのである。而して小學校程度の筋肉作業に於ては一小團に對して少くとも共通の一作業臺を設備することが適當であると思ふ。

既に小分團が出來たならばその小分團に一人のリーダーを設けるといふより

も認めてやることが必要である。統一的活動をなさしめ仕事の進行を圖る上に指導者とならしめなければならぬ。リーダーは勿論自然的に發生するものであるから之を助長しさへすればよい。之はリーダーの心理のところで述べて置いた。各小分團に一人のリーダーがあればそれで十分かといふに必ずしもそれだけでは事の足りないこともある。仕事の性質によつては單にリーダー許りでは事が進まない。或時には書記の役目を勤める者もなければならぬ。そしてリーダーを助けて共同作業を圓滿に進ましめることが必要である。作業が單なる手工的作業であつても稍複雜なる作業となれば分擔を定めたり、工作の順序を定めたりしたものは之を正しく記録して置いて之に從つて仕事を進行させる必要上、リーダー補助として書記役も必要であらう。況んやその仕事が單なる筋肉作業に止まらずして、所謂研究調査の範圍に入つて來る樣なものは、どうしても一人のリーダーでは事が足らぬ。適當の役目をその都度設けることが必要となつて來るであらう。

又精神作業に於ては二人を一組とすることは最も普通に行はれる方法である。

此の場合には一人が他の一人の教師となり生徒となる場合もあれば一人は常に他の一人と共働し補助する立場に立つこともあるのである。

既に一小分團のリーダーが出來れば、それは他の小團との連絡を圖り全體の仕事の爲に共同一致の行動に出でなければならぬ、即ち仕事全體に對してのリーダーが必要となる譯である。此の全體のリーダーは適宜なる一小團のリーダーが兼ねるも宜しい。別に設けてもよい。場合によつては教師自ら全體のリーダーとなることもあらう。凡てはその事情によることである。それ〴〵事情に應じ社會生活共同作業の原理に反せざる範圍に於て、兒童生徒をして自ら工夫せしめ、その創意と自發性とを重んじて行ふべきである。

所謂共同作業の方便的施設物として、吾人は學校園・圖書館・博物館等を認めなければならぬと思ふ。手工的作業に對する材料や道具と相並んで精神的作業の上に缺くべからざるものは即ち圖書館博物館である。

此の兩者は必ずしもその名を圖書館といひ博物館といはなければならぬといふことはない。要するに兒童生徒が自ら研究し自ら調査し自ら觀察するが爲に

は兒童の使用に堪ゆべき圖書、若くは文庫若くは博物館的施設を必要とするのである。彼等の本來の生活からいふても庶物を蒐集する本能的活動や敎科書以外の圖書を自ら繙くことは最も自然的の活動であつて所謂生活の塲所としての學級敎室に於ては必ず何等かの形に現はれて來るべき筈のものである。況んや共同作業をなさしむる爲の設備としては學級はそれ〴〵その學級本來の圖書庶物といふものが無くてはならぬ。敎師は兒童と共同して、その學級の圖書や庶物を蒐集し整理して敎室に缺くべからざるものとして創作もし完成もして行かなければならぬ。單に一時的に設備するといふ樣な考へ方や備へ付けるといふ樣な思想もよろしくない。此の兩種の施設があれば、それによつて敎室は從來の如き單なる敎授の塲所とのみにならず、生活に即しつゝ修養を積んで行く團體が即ち學級であるといふ實を擧げ得ることゝなるのである。要するに研究する塲所としての敎室の設備を創作し完成する譯である。茲に所謂研究とは必ずしも學習といふ意味では無い。

引用して置くことにしよう。

一　研究と學習

此の問題に關してはアダムス氏は最も明瞭妥當な思想を有して居るから序に引用して置くことにしよう。

現今の敎育界を見渡せば一方に於ては多くの敎師は「敎へ過ぎる」と同時に他方に於ては學習を補助することが少なきに過ぎる傾向を持つて居るといふことが出來る。それは何故に惡いかといへば、斯かる敎師はその生徒兒童をば受動的に受容する狀態に導いて仕舞ふからである。生徒兒童の側には發動性がなくてはならぬ。然らずんば敎師生徒の間に知識の交通といふことが行はれない。知識の交通の行はれないところには學習といふこと即ち知識の收得といふことはあり得ないのである。生徒の狀態が「受動的」になればなる程、生徒は學習即ち知識收得の「機會」は之に應じて少くなるのである。けれどもその代りに敎師は學科について餘り內容を敎へなくとも學習法を說明し之を敎ふることによつて、その缺點を償ふことが出來るではないかと考へて居る人もある。併し乍ら

學習法を敎授するのは口先で學習法について、しやべつただけでは濟まないものである。勿論ある事は言葉で以て説明しなければならぬけれども所謂學習は主として原理の適用によつて成り立つものである。例へば一篇の詩を暗誦によつて學習すると假定すれば、生徒はそれに就てはその進行の方法などについては餘り指導されないのが常である。「最初の十五行をお覺えなさい、」「此の詩を暗記して御覽なさい」と命令を受ける丈のものである。生徒が如何なる記憶法を採用しようが、どの位時間を要しようが、それは敎師の關する範圍ではないといふのが今日の普通の敎師である。

タブリユー・シー・バグレー敎授は其の著「敎授の技術」の中に於て、「今日の多くの敎育書は敎師が勉學の方法の如き面倒な問題を解決する爲に餘り力を盡して居らぬといふことを主張して居るのは誤りであつて、多くの敎師は生徒兒童に研究の方法即ち如何に研究すべきかを敎へる事を企てゝその結果大なる成功を齎して居る」といふて居る。或は然もあるであらう。併し乍ら如何に研究すべきかに對する注意は一般的に行き渡つて居るか否かについては尚疑問が存して

居る。勿論學習と敎授とは相關的の術語であつて、敎授があるから學習があるのであるから、一方に注意を拂ふといふことは、必然的に他方に關する若干の知識を得ることを含むものである。學習といふことに注意を拂へば敎授といふことについても自らよい知識が得られる譯である。それが證據としてはコルヴイン敎授の「學習過程」の如きは全然敎師の立脚地より見たものである。

然るにエフ・エム・マクマリー敎授は此の問題について正當なる立場から正當なる說を立てゝ居る。氏は先づ幼き生徒が硏究法などいふものを學習しては居ないといふことの證據を蒐集するまでもないと稱して居る。蓋し多くの敎師は今日の敎育界に於て硏究法を授けて居ないことは自明の事實として認容して居るからであるといふて居る。マクマリーの主張によれば大學の敎授は學生の硏究法を知らぬ罪を中學の敎師に負はせ、中學の敎師は又其の罪を小學校の敎師に歸して互に他を責めあつて居るのである。尙マクマリーは硏究法の敎授についての參考書の甚だ乏しいといふことを指摘し英語の本では二册外ないし獨逸語の本は一册もないといふて、眞に硏究の技術方法について書いて居る書物の乏

しいことを慨歎して居る。爾來アメリカに於てはスターチ博士は「教育的心理學」を著してその中に研究法の一章を設けて居り、その書の四分の三の頁數を學習の心理に費して居る。

スターチ博士以前の研究は多くは學習(Learning)に關してゞはなくして研究即ちStudyingに關してであつた。殊にマクマリー教授はドイツ流に學習と研究とを區別し學習即ちラーニングをば研究即ちスタディーよりもいくらか劣つて居るものと解したのである。而してドイツに於ては小學校兒童は學習即ちレルネンするものであり中等學校生徒大學の學生のみが研究即ちストゥディーエンするものであるとされて居る。吾人は直に之を其の儘取り入れる必要も無いが學習といふことは教授といふことの自然的の相關事項とする立場を執るのが穩當であると思ふ。吾人が「眞に教へる」時には、生徒は否でも應でも學習する、即ち覺えるものである。併し乍ら研究については必ずしもさういふことは出來ない。凡そ何かを「學習した」といふ時には、それを自分のものとした(マスター)といふことを豫想するが常である。然るに「研究した」といふただけでは、必ずしも

それを自分のものとしたといふことを想定することは出來ないのである。勿論學習したといふことの中には誤を覺えることもあるであらう。併し乍ら少くともある言語上の收得は必ずやつて居るのである。これに反して研究したといふ時には、必ずしも、何等か積極的の知識・熟練に到達したといふことを要求はしないのである。要するに學習即ちラーニングといふ時にはその活動の「結果と道程と」に關係して言ふて居るのであるが研究即ちスタディーイングといふ時には單に「道程のみ」に制限して考へて居るのである。所謂學習は、それであるから、「勉强をした、そして覺えた」といふことに當り研究は「勉强をした」だけで、結果については觸れない譯である。之が普通の解釋である。

此の解釋については當然次の如き駁論が起るかも知れぬ。即ち若しも論者のいふが如く學習が敎授の相關事項であるならば、凡ての學習にはその中に敎師といふものが含まれて居らなければならぬといふ議論も立つ譯である。從つて「敎師は兒童の學習するのを敎授することの出來るものであるか」といふ疑問は昔から重要な問題とされて居るが之を出す人が馬鹿げて居るのであるといふこ

とにもなる。何となれば教授するから學習といふことがある譯のものならば、兒童の學習するのを教師が教授することが「出來るか」など問ふことはそもそも問ふ人の愚さを表明して居るに過ぎないからである。併し乍ら、假令教師といふものゝ必要はそれで認められたとしても、尚此の疑問については論ずべきことがある。何となれば學習の道程に於ては、常に必ずしも學習者以外の教師といふ他人が教授しなくとも、學習者自らが自分の教師となり得る場合があるからである。從つて常に必ずしも學習者以外の教師といふものを必要としないこともいひ得ることゝなり、教師が兒童の學習を教授して行くことが出來るや否やといふ問題は茲に新しい意味を生じて來るのである。

二　自己教授

抑も教育の進歩は被教育者の經驗の中に教師の要素と生徒の要素とが如何なる比例をなして入つて居るかといふことによつて測定せられるものである。普通の考へ方によれば、教育の初期に於ては外部よりの教師要素が著しい、換言

すれば生徒は大體に於て受動的である、といふのは勿論エネルギーの消費の仕方に於て受動的であるといふのではなくして、指導的の力として、受動的であるといふのである。即ち自ら指導するといふよりは他から指導される分量が多いといふ程の事である。而して具體的の個人の實際上の敎育的進歩は、單に外部の敎師から供給せられたる刺戟に反應する力を敏速ならしむるのみならず、自ら自分の爲に刺戟を供給する力をも敏速ならしむることを含んで居るのである。

「進歩しつゝある生徒兒童」とは漸次に自分が自分の敎師となる要素を增加しつゝある者である。「敎師の成功」はその生徒兒童に對し、自分が居らなくてもよい樣にすることの出來る程度によつて之を測定することが出來るといふてもよいのである。此の點に於て、よい敎師はよい醫者の如きものであつて、各々の專門の立場に於て、その仕事がなくなつた時に、最もよくその仕事を成し遂げたのである。されば生徒に學習法を敎へることは、要するに、その外部の敎師（內部の敎師即ち自分に對して眞の敎師を外部の敎師といふ）をたよらない

で濟ます方法を敎へることである。けれども現在の狀態に於ては青年少年に學習法といふものを敎ふることは非常に困難なることであるから、敎師たる吾人の自尊心の上にも、敎師たる吾人の職業の上にも寧ろ幸福である。普通の學校の修業年限の中に於て、多數の生徒兒童に敎師を全然不必要ならしむる樣なことの起りさうな心配は當分ありさうにもない。又非常な例外は別として、大多數の場合に於ては如何に自己敎授の本能を極限まで發達せしめても敎師の補助を全然不必要とする迄に行かないものである。而して生徒兒童の中に於ける主觀的の敎師極（生徒の中に敎師極と生徒極とあると假定し、敎師極には敎師要素の中心があり生徒極には生徒要素の中心があると考へてのことである）が强くなると共に之に應じて外部の敎師の與へる補助の性質は漸次變化して行くのである。即ち吾人敎師は生徒の學習過程を有利ならしむる爲に、生徒をして敎師を「道具」として使用せしむる樣に導き、漸次その道具として使用する分量を多くさせて行くのである。而して道具としての要素が漸く多くなればとて、それによつて必ずしも「敎師の重要さ」といふものを減少させることは無いのであ

る。何となれば、生徒はそれによつて敎師の補助を益々上手に利用することが出來るからである。而して初期に於ける敎師の補助は學習法を敎へる過程そのものに、その機能を發揮させなければならぬ。而して生徒は漸次進歩するに從つて、敎師の爲す仕事を自分の爲に一層有利に使用し得るに至らしめなければならぬ。

三　自己敎育

凡そ自己敎育の全問題は凡て玆に含まれて居るのである。從來自己敎育に就ては種々の俗說が行はれて居る。例へば「凡ての眞の敎育は自己敎育である」とか「自己敎育の外に眞の敎育はなし」とか種々の標語、モツトー等がある。併し此等の俗說に於ては、何人も直にその不當を見出すことが出來るであらう。醫者は「自然は最善の醫師なり」といひながらも病家を見舞つて居り、而も醫師たるの自尊心を傷づけないと同樣に、敎師もどこ迄も自己敎育を尊重しながら、而も敎育過程に於て名譽ある而も最も重要なる機能を發揮して居ることを感ず

ることが出來るのである。

吾人は玆で自己敎育と自己敎授の區別を喋々する必要もない。蓋し自已敎育でも自己敎授でも何れの場合に於ても敎師は敎師たるの機能を持つものである。併し乍ら專門の敎師は自己敎育よりは寧ろ自己敎授に關して敎師たる特殊の機能を特に多く感じ得るものである。而して自己敎授をさせられた人は、之を全然他人からのみ敎授を受けた人と比較して見れば、有利なる地位にあるものである。蓋し全然他人からの敎授のみによつて人となつた人は、「自己の欲望」に反對して敎へられた人であり、「內面から來る衝動の力」を有利に使用させられなかつた人であるからである。之と同時に同樣なる熱心な學習欲望ある人が二人あると假定して甲は之を指導する敎師があるけれども、乙は之を有たぬとすればその利不利は言ふを要せざるところであらう。されば全然敎師の敎授のみによることも全然生徒の自己學習のみによることも共に不利なるものであることは論を俟たないのである。蓋し眞理はその中間にあるのである。

四　研究法

次に「研究」といふものについてはスターチ博士は面白い説を出して居る。曰く

「勉強がいやになつて仕方が無い時には、先づ仕事をする動作を始めて見るがよい。……先づ腰をかけ、本を持ち、紙や鉛筆その他入用のものを手に取りそして書き始めるか、讀み始めるか、描き始めるかして見よ。かくすることによつて、なすべき仕事に關係ある精神過程を自動的に始發することが出來るであらう。而して之を意識しない中に既に從事して居る仕事に熱中する樣になるであらう。」と。

研究法の指導に就いては生徒兒童の側に責任を負はしむることが、その重要視されて居る點である。兒童生徒に「努力」を要求し「責任」を負はしむることが研究法の長所である。併し乍ら、餘りに自由なる餘りに程度に適せざる研究はその結果は無理なる努力を強ひ不當なる責任を負はしむることゝなり、研究の

努力に比してその効果若くは結果としての收獲が僅少であるといふ短所を伴ふものである。茲に於て單なる獨力の研究よりも「監督附の研究」といふものが兒童生徒に對する適當なる研究であるといふ議論を生じて來た。一九一六年シンシナチ大學敎授ホールルークエスト氏は「シユーパーヴアイズド・スタディー」即ち監督附の研究といふ書を著し、敎師は必要なる案內を與へて而も生徒兒童をして獨立的の仕事をなさしむる樣に工夫したのである。此の方法は全體の單位時間八十分乃至九十分をば三部分に分ち、最初の五分の一を準備又は復習の時間とし、次の五分の二を指導書によつて生徒を新材料に案內することに費し、之によつて生徒は大なる好奇心を起し、大に研究せんとする元氣を振ひ起すのであるが、未だ好奇心は滿足されない狀態にある。之と同時に大凡そ如何なる方法によれば此の問題は解決せらるゝかについては、大體の見當がつき、大なる希望を抱くに至るのである。之は所謂アッサインメント即ち指導書の刺戟によるのである。最後の殘されたる五分の二は沈默なる「個人的研究」に移り個人は獨立的に自己の勢力を傾倒して研究に從事するのである。此のアッサインメン

ト即ち仕事の指圖兼註文書ともいふべきものは、兒童生徒の能力に應じて三等に區別し、優中劣の三種に分れて居るのであるが、それは秘密であつて敎師だけが知つて居るのである。併し乍ら此の三分法は永遠的固定的のものではなくして、時に應じて動き得るものである。此の方法の根本原理ともいふべきものは「個人が自らを敎授して居るところを適當に監督し指導するのが學校の任務である。」といふところにあるのである。此の方法を批評する人は生徒兒童をして餘りに敎師にたよらしむるところにその缺點があるといふて居るが、之を支持する側の人は反對に獨立心が養成出來るといふて居る。何れにしても敎師の指導は研究法に集中してあることは認めなければならぬ。

今此の方法を公平に批判して見るならば最初の五分の三の時間は要するに從來述べたる敎授の單位としての學級として取扱はれて居るに對し最後の五分の二の時間は組織上の單位として取扱はれてあることの最もよい例であるのである。尙又現代の要求する共同作業團體としての學級といふ立場から見るならば、此の監督附の研究法といふものは、未だその要點に觸れて居らぬものといふべ

きである。若し之を共同作業團體としての學級から批評するならば、個人研究も全然たる個人研究であるよりは、寧ろ二人三人乃至五六人の一團が、共通の興味の下に一つの派生的の問題を捉へて、之を全學級の問題の中の一要素と考へつゝ共同に研究する時に、始めてその共同團體作業としての價値を發揮するであらうし、此の研究の前後の生徒兒童の活動も之を適當に指導することによつて、一層共同作業の意味を強めることが出來る筈である。即ちアッサインメントも只單に敎師が學級敎授として指示命令するのみならず、生徒兒童をして各自の立場よりその刺戟たる問題に對する反應を發表せしめ、適當に意見の交換意志の疎通を圖り、以て研究に入るべき準備をなし、次に仕事の分擔を定めて實行即ち研究に着手するならば、その道程に於て社會生活共同作業の意味を十分に豊富に持たしむることが出來る。又研究の終りたる後に對する處分の方法としても尙研究の餘地はあるものと思ふ。即ち旣に全體の問題を互に一部分づゝ分擔して研究したる以上は之を持ち寄つて互に報告する必要がある。而して最後の纏まりを附けるならば茲に始めて問題は完全に解決せられる譯である。

此の場合にも全學級の生徒兒童が互に全體の問題を自分の問題として研究する時に、共同作業の實を現はすことが出來る譯である。而して最初よりの目的を回顧し滿足すべき解決を得た場合には所謂共同生產の喜悅を感ずるに至るであらう。

五　共同生產喜悅の情

此の共同生產喜悅の情は即ち凡ての共同作業がその敎育的目標として狙つて居るところのものである。學級が生活としては社會生活の場所であるが仕事の團體としては共同作業の團體であるならば、若し生活が正しき社會生活であり作業がよき共同作業であつたならば、敎師も生徒も共に共に共同生產を喜悅するの感情に滿たされるであらう。而も此の感情は敎育的の目標として最も價値を認むべきであることは論ずる迄もないことである。されば若し社會生活を營ましめ共同作業を行はしめて、而もその共同生產に對する喜悅の感情に注目せぬならば所謂龍を畫がいて睛を點せざるの誹を免れぬであらう。而して所謂生

産といふことは研究法を會得させる爲の研究それ自身によつては必ずしも之を獲得することは期待すべきではないが、筋肉的作業と稱すべき種類の共同作業に於ては、必ず若干の生産を期待することが出來る。從つて精神作業による共同生産の喜悅よりは、筋肉作業による共同生産喜悅の方が、小學校兒童に於ては、より多くこれを期待し得べきであると思ふ。されば精神作業も出來得る限り、之を筋肉作業に移す機會を捉へて之を筋肉作業化して以て生産喜悅の感情を養成するの機會を作り出すことは、小學校學級經營上忘れてはならぬことである。

第四節　敎授の場所としての學級經營

敎授と學習とは前節に於て述べたるが如き相關的の機能であるとするならば、敎授の場所としての學級敎室は、即ち學習の場所としての學級敎室であるのは言ふまでもないことである。

されば敎授の場所としての學級敎室は言ひ換へれば敎授及び學習の場所としての學級敎室である。斯かる意味の學級敎室を如何に經營すべきかも、亦前に論じたる生活の場所及び仕事の場所としての學級經營と同樣に重要なる問題たるを失はない。而して敎授の場所としての學級經營は、從來の書物學校學習學校と謂はれて居る學校が、實際やつて居つた事であつて、今更事新しく論ずるまでもないではないかと考へる人々もあるであらうが、併し乍ら從來の考へ方は學習を敎授の相關的の事項として、敎授に對する程の注意と重さとを學習に拂はなかつた事は慥に之を認めなければならぬ。言ひ換へれば單に學習をば敎授の結果として生ずるものとしてのみ考へたのであつて敎授が原因で學習が結果であると考へ、學習が原因となつてその結果としての敎授が行はれることは明瞭には考へられなかつたのである。新敎育が敎授と學習とは相關的事項たることを認むるといふ意味は、此の兩者に互に對等の位置を保たしめて考へるといふことであつて一方即ち敎授が常に先に立ち他方即ち學習が常に後に來るといふ樣な關係即ち敎授が原因で學習が結果であるといふ樣な考へ方を採らずし

て一方が他方の前項ともなり後項ともなり、原因ともなり結果ともなり得ると考へるのである。兒童が自ら學習をした事に因んで敎師が敎授といふことを行ふこともあり、敎師の敎授が發動的に先に立つて、兒童の學習が受動的に行はれることも認める譯である。

一　學習方便物

此の意味の敎授の爲の學級經營の爲には、敎師に對し敎授の方便物が必要なる如くに兒童に對しては學習方便物が必要である。敎師が豫定の敎材を授ける爲に標本や實物を必要とする如くに兒童は自ら興味ある事物を自己の生活の場所であり仕事の場所である敎室に陳列して置くことが必要である。之が爲には學級博物館といふものが必要となつて來る。否必要となつて來るといふよりは寧ろ學級博物館といふものが生れて來、發達して來なければならぬ。之と同樣に學級圖書館といふものゝ發達も亦吾人が當然の歸結として期待すべきものである。此の趣旨を徹底的に考へて見れば單に學級のみならず、その成員たる個

々の兒童にもそれ〳〵その兒童特有の博物館や圖書館が作り出され、生み出されて然るべきである。而も此等はそれ〳〵の家庭に於て適當なる位置を占むべきものであつて必ずしも學級敎室をその場所とする必要もなければ、その餘裕もないのである。只學級は學級成員の共通の興味に從つて、その學級特有の色彩あり歷史ある圖書館博物館の經營がなければならぬ。

二　研究の爲の施設

學級圖書館及び學級博物館は單に學習のみの爲の施設でないことは言ふまでもないことである。即ち眞の意味に於ける研究といふことが若し少しでも小學校に於て行はるゝとするならば、それはその爲の設備としては是非共圖書館博物館を缺く譯には行かないのである。而して小學校に於ける學級の圖書館博物館が如何なる程度まで研究の爲に利用せられ役立つものであるかといふことは將來の問題であつて、未だ十分なる論議の材料を得て居らぬのであるが、多數の實驗學校に於ては旣に之を經驗し相當の成績を擧げて居るのである。只我が

國の小學校に於ては此の方面の活動も實驗も研究も未だ甚だ幼稚であるが、近頃進歩的學校に於ては、既にそれ〳〵經營せられ實用に供せられて居るのを見ることは誠に喜ばしきことである。

此の他動物飼育、植物栽培、美術品の陳列等の施設も物理や化學の實驗施設と共にそれ〳〵その學級成員の興味と能力とに應じて、適當の規模に於て、經營せられることは最も望ましきことゝいはなければならぬ。

此等の諸施設は單に敎授の爲の學級經營上價値あるものなるに止まらず、その實事實物を兒童自らをして取扱はしむる點に於て作業さしての敎育的價値をも發揮するものであることを忘れてはならぬ。

第六章　學級經營上の諸問題

以上數章にわたつて述べたところによつて現今學級經營上の諸問題は大體之に觸れた譯であるが、尚此等の問題の範圍內であつて而も他の立場から研究しなければならぬ問題が澤山あると思ふ。今逐次それ等の問題について一言して見やうと思ふ。

第一節　個別對團體の問題

敎育學といふものが形をなして以來、個人對社會の問題は常に學習の論議に上り、實際家の頭を惱ます問題となつて來て居る。而して近代に於ける社會組織の變化個人意識の覺醒等は、更に此の問題の、より深き解決を要求して居るにも關らず、未だ學者の間にも實際家の中にも此の問題の正當なる解決法すら

も之を研究して居るものの甚だ少なき狀態である。從つて敎育の第一線なる學級といふものゝ經營についても此の問題に觸れて研究して居る者が殆ど無いといふて差支ない。

一　個人差の研究

哲學的に個人の意義を說く者は比較的多く、敎育者の中にも之に基礎をおき之に眞似て敎育論を立てる人もあるが、それが實際の學級經營の時に如何なる形となつて、その結果を齎らして居るか、甚だ覺束ないことであるといはなければならないが敎育の一般精神をば動かしたる點は慥かに之を認めなければなるまい。

敎育科學的に個人を發見したのは比較的新しいことである。即ちメンタルテストといふものが小學校に於ける被敎育者に適用せらるゝ樣になつてからのことである。所謂敎育科學の立場から敎育を科學的に硏究し敎育學を改造しようとする一派の敎育學者の信條は、要するに、凡そ存在するものは、量に於て存

在し、量を有するものは單位量を以て測定し得べく、その測定の結果は數を以て表はすことが出來るといふにある。而して此の信條は即ちメンタルテストや敎育測定を支持し、之を敎育事實に適用した結果は、圖らずも所謂個人差の豫想外に大なるものある事を發見し爰に個人を個人として眺めるの傾向を發達せしめたのである。此の個人差の事實は敎育の理論にも實際にも相當の刺戟を與へ、從來の漠然たる團體敎授といふものに疑を抱かしむるに至り、茲に個人敎授か團體敎授かの問題が起り、先に述べたる監督附の研究といふ方案を生み進んでは實驗室的方法となり、彼のパーカースト女史のドールトンプランとなつたものである。要するに此等の運動は如何にして學級經營を個人差に適應せしむべきかの問題に向つて解決を試みたものである。從つて此等諸種の解決案は所謂個人差の大なれば大なる程學級經營の方法として價値ある解決案として尊重すべきものであつて個人差の小なるに從つて此等諸案の價値も亦減殺せられ存在の理由も少なくなるべきである。

之と同時に吾人が尚研究を要することは、此等の諸案が案として果して如何

なる程度まで個人差の各種の方面に觸れて解決をして居るかを吟味しなければならぬといふことである。ドールトン案にしてもその動機は即ち仕事の速度に於ける個人差に適應させるを以てその根本動機とする。仕事の速度は個人差の一面であるが全般ではないとするならば、單に速度だけの要求を以て解決案研究の骨子として出來た案は即ち個人差の單なる一方面をのみ見たる案であつて、個人差の他の諸方面の解決は依然として殘されて居るといはなければならぬ。併し乍ら速度の關する範圍に於て吾人が大に尊重しなければならぬことは、今日の個人敎授は個人に所要の時間を與ふる代りにその能力に一定の標準を持たしめなければ止まないといふ所まで進歩して居るといふ事實である。即ち昔の團體敎授は各個人に與ふる時間の長さを一定にして、その結果として生ずる業績は被敎育者の天賦の才能に任せきりであつたが、今日の個人敎授は單に個人に徹することを以てその狙ひ所として居るのみならず、進んで各個人の業績を劃一ならしめんと期待するのである。他の言葉を以てするならば等質ならざる個人即ち個人差の多い個人をして等質なる成績若くは業績を獲せしめんが爲に

時間を不等質に與へ、時間使用の自由を個人に與へんとするものである。之を國民敎育といふ立場から見るならば國家が次代の國民をして國民たるの資質を有たしめんが爲にするものが即ち國民敎育である以上、その各個人に若干の等質を要求し劃一的業蹟を要求することは當然のことゝいはなければならぬ。而して各人作業の速度を異にする以上は、各人の要求するだけの時間を與へなければならぬといふことも、從つ生ずる當然の歸結でなければならぬ。然るに團體敎授の故を以て各個人は所要の時間を與へられないといふことは、即ち國家が國民を敎育するの趣旨にもとるものとして吾人は大に之を改めなければならぬ。個人敎授は此の點に於て、國民敎育の趣旨に適したるものといふべきである。

但し此に所謂等質も劃一もある制限の下でなければならぬことは勿論である。所謂等質・劃一は之を人性の凡ての方面に之を要求することは不可能であると同時に之を要求すべからざるものがあるのである。寧ろ不等質不劃一即ち變異を要求すべきものも甚だ多いのである。併し乍ら國民全體が一團體として一致協

同すること、共通の目的の爲に働くことの爲には、言ひ換へれば、國民全體を打つて一丸となすが爲には、等質•劃一といふことは最も必要のことである。

人性の如何なる方面に等質を要求して如何なる方面に變異を要求すべきかは將來の敎育研究上、文化の發達上最も重要なる問題たるを失はない。

敎育の關係する範圍に於て國民的標準となるべき若干量の知識、即ち祖國及び世界に對する歷史上の事實知識の若干、地理知識の若干、及び道德的實行、情意方面の活動の若干、國語の知識技能の若干、算術的知能の若干、國民藝術趣味の若干、身體的實力のある方面、此等各方面の知識技能及び資質は即ち國民的標準にまで進んで居らなければならぬ。此等の事項は之を各個人に會得せしめる爲には大體に於て所謂個人敎授の方法によるを的確とする。蓋し各個人によつて收得、記憶、練習等に要する時間を異にするからである。此等各方面の業蹟を團體的方法によつて獲得せしめんとすることは所謂個人差の事實を無視するものといはなければならぬ。要するに個人に徹底せしむべき事項であつて而も劃一的標準に達せしむべき必要のある材料は、即ち個人的方法に從つて

之を處分するを以て賢明なる經營といふことが出來る。而して要求を根據として學校に於ける個人作業の時間は決定せらるべきである。

從來の學級經營に於ても、深くこれを省れば、必ずしも個人的方法を無視したものではなかつたのである。只個人に對しては甚だ漠然とした思想を以て學級の敎授に當つて居つたものが多かつた爲に、自ら流れて漠然たる團體敎授や漠然たる個別作業となつて仕舞つたのである。されば新しき立場よりの學級經營に於ては、その敎材の內容について先づ判斷をなし、果して個人的方法に依賴すべきや否やを先づ決定し然る後に全體の經營法を工夫すべきである。斯の如くすれば敎師の頭に於て個別對團體の意義が常に明かになつて來て、團體にも徹せず、個人にも徹せざるが如き敎育はその影をひそめるであらう。

尙此の問題については卷末附錄ウイネツカ・システムの一方面を參照せられんことを望む。

二　團體敎授

個人敎授に對立して問題となる題目は團體敎授である。個人敎授は前述の通りの價値あるものであつて現今相當に學級經營上採用せられて居るにも關らず尙且一部の敎育學者、敎育實際家からは批難せられて居る點もあるのであるが、今その中の一つを紹介するならば、個人敎授は「無聲音敎授なり」といふ批評である。謂ふところの無聲音の意味は卽ち個人敎授は團體的一齊的に取扱ふ事をせざる所から、敎師も生徒も多數を相手にして活動する機會が減少し、聲音を以て一齊に多數を動かす機會がないといふ事である。抑も人間の情意は聲音の力を假りて之を他に通し、以てその思想感情を感得・會得せしむるものである。個人敎授に於ける敎師生徒の接觸は必ずしも團體敎授に於けるそれに劣るものではない。寧ろ一層精緻なる點まで個人的交涉を行ひ得るのは個人敎授の特徵である。從て之を一般の團體敎授に比すれば、多くの長所を有つことは旣に之を述べた通りであるが、それにも關らず尙之を批評するものゝあるのは、一方には團體敎授そのものゝ必然的の長所があつて、現代に於ける多數の敎育者は今俄に之を捨てゝ仕舞ひ兼ねて居り、それにも相當の理由があるからである。

即ち團體に對して、敎師なり生徒なりが働きかけるといふ態度、又團體の一員としてその働きを受けるといふ態度には、一種獨特の修養を要すると同時に此等は皆人間の情意を疎通する爲の手段方法について考へなければならぬ。人間の聲音は單なる思想を運ぶ爲のものではなくしてその微妙なる力によつてその人の情意を以て他の人の情意に直接に影響を與へるものである。從つて團體敎授に於ては重要なる役目を有つものである。之によりて單に甲から乙丙丁なる單なる思想感情を傳達するのみならず、同時に彼等の情意を修養せしむるの機會を作るものである。又單に眼にて讀書するといふことは昔からも言はれて居る通りその弊は動もすれば固陋に陷る。蓋し人から聽くことが少ないことによつてその弊を生ずるのであるが一層的確にいふならば他人の聲音を聞かないからである。

團體敎授に於ける聲音の役目は今日の哲學思想に於て所謂フエルシユテーエン（理會）といふ言葉の表はすことを實現せしむる點にあり、之が爲には是非共聲音にたよらなければならぬものである。物事をその情意即ち心持・氣分と共に

之を理解することを理會といふ。共通なる言語を有して居る民族即ち一つの國語を有して居る國民はその理會が他よりも容易であることは、即ち言語を通じての理會が行はれ易いからである。

而も言語を通しての理會は即ち文字によるのでなくしてその聲音によるの外完全の方法はない。言語は之を文字に寫すことも出來る。併し乍らその時にはその人の言はんとする心持は聲音の脱却で――勿論聲音が全部脱却するのではないが生きたその人の聲音を聞くことは出來ないから、その人の情意の眞髓に觸れることは六ヶしい。聲音は生きた人の全人格を表徴するものであるから之に觸れなくては生きた人と生きた人と接觸することは出來ぬ。

されば一方に於て個人差に適應する爲に個人敎授を認めると同時に、他方に於ては團體敎授によつて人と人との接觸を完全にし、個人と團體との交渉を起さなければならぬ。之が今日正式學校敎育のある所以の原理である。殊に學級は個人對團體の仕事を圓滿にしその交渉を有價値ならしむる點に於て全敎育上の立場から意味があるのであるから吾々は之を意識して以て聲音による團體敎

授の機會を捕へなければならぬ。

三　個人教授と團體教授との交渉

個人教授と團體教授とを互に交錯させて行くのが今日の學級經營であり、此の事に關する問題が經營上の一問題として意味あるものであるが、その意味を十分に發揮させるには茲に個人教授と團體教授との交渉を考へなければならぬ。アメリカの實驗學校ウイネツカ公立學校に於ては世界に於ける此の方面の問題を先づ第一に着眼して問題となし、之を相當に解決し實行して居る點に於て、世界獨歩ともいふべきであらう。ウイネツカ公立學校の督學たるカールトン・ウオツシユバーン氏は夙に此の問題について苦心經營の結果、今日ウイネツカ・システムとして知られて居る一つのシステムを考案して居る。その大要を摘んで次に述べてみよう。

先づ學科課程を改造して、個人別取扱の材料と團體的取扱の材料とに全然二分し、個人教授をば所謂共通的必須材料について行ふことゝし、その時間は毎

日午前午後の敎授時間の各半分宛を之にあて、他の團體的取扱による敎材及び課程をば、その餘の半分宛の時間を之に充てゝ居る。大體に於て非難する程の點を見出さぬのであるが、之を批評する立場になれば色々に批評することも出來る。經營上の問題としては、經濟上不利益であるといふ非難があるに對し、ウォッシュバーン氏は詳細なる學校調査による比較統計表を作製して敢てその非難の當らざる所以を指摘して居る。例のプロジェクトメソッドの主張者コロンビア大學敎授キルパトリック氏の如きは所謂共通的必須材料即ち讀書算の基礎的知識技能等を基礎的知識技能として授けることは主義の上に於て反對すべきであるとして居る。私も同敎授の批評には贊成をして居るのである。殊に個人敎授と團體敎授との材料を區別して仕舞って、之を全然別種の取扱に從って實施するといふことは、兒童を中心として考へて見た時にその活動が統一を妨げられることゝなる。若し理想的にいふならば個人敎授の時間の題材と團體敎授の時間の題材とに何等かの聯絡統一關係あらしめるの必要があるではないかと思ふ。此の點を除いては、ウイネッカ・システムに對しては餘り非難すべき點

はないであらう。

何れにしてもウイネツカ・システムは個人教授對團體教授の問題に向つて先づ先頭第一に一つの解決案を提供したる點に於て、吾人は大に之を尊重すると同時に、之を模倣したり批評したりする前に、先づ詳細に亘つて研究するの必要がある。目下我が國には之に關する著書も一二出て居るが遺憾ながら全般に觸れて居らぬ。從て發案者の根本精神を捕捉するには尙不足たるを免れぬのである。

之を要するに個人教授對團體教授の問題は實に現今學級經營上の大問題であつて、比較的古い問題であるにも關らず、常に新しい問題として取扱はれ未だ完全なる解決案を得ない。世界に於て比較的よく解決したと考へられて居るところのウイネツカ・システムの如きにしても尙研究を要する點はあるのである。況んや次に述べんとする諸問題との交渉を考へて來れば尙一層複雜なる問題となつて來るのである。

第二節　學習か作業か

既に述べた通り、學習といふ言葉は敎授の必然的相關事項として認められて居る言葉であるが、新敎育に立脚したる學級經營上より之を見るならば、爰に學習か作業かの問題が起つて來るのである。蓋し、現今の學校といふものゝ概念については、既に改良敎育論者の間にも意見のある通り、從來の學校は敎授學校に成り下りその敎育學校としての精神も事實も失はれつゝあるといふ批評は現代敎育家の何人と雖も之を不問に附する事は不可能であらう。されば學級經營上の標語としては學習か作業かの問題は當然起らざるを得ない譯である。而して前述の理由により、此の學習か作業かの問題は、即ち敎授學校か敎育學校かの問題であるといふことも出來る譯である。

所謂敎授學校は即ち書物學校・學習學校であつて、その狙ひ所は、敎授の爲の營造物として學校を觀、その中から理智に明敏なる人を作り出すにある。之に

反し所謂教育學校は即ち從來の教育の弊が主知主義の弊に陷るにあることを認めて、之を改造して理智と共に情意の陶冶にも考慮を拂ひ、全人格の養成に努めんとするものである。國民教育の學校が單なる書物學校・學習學校では到底その任務を全うすることの出來ぬことは今更事新しく論ずる迄もない事である。併し乍らそれが爲に敎授施設としての學校といふものを全然無視する事は危險である。主知主義には當然之に伴ふの弊もあると同時にその長所の存することろを認めなければならぬ。

近代文明の特徵は、近代科學の進步に依賴するものが多い。從つて「力」といへば、直に「知」を聯想する程に、科學は尊重せられたのは止むを得ざる事情である。而して現代に於ても亦科學はその力を振つて居ることは見遁すことの出來ない事實である。此の事實の世界に住める吾々としても、又將來此の世界に住むべき次代の國民としても、科學の力を外にしては殆ど何事も爲すことは出來ぬ。只知を以て唯一無二の價値ありとなし、その物質的世界觀の前に膝を屈する時に問題は起つて來るのであるから、智をして正當にその處を得せしめて

置くことを誤らない樣にする丈の用意がなければならぬ。されば適當に節制を加へられたる學習學校敎授學校は現代文化社會に於ける學校としては、當然その採るべき型をとつたものといふべきである。併し乍ら之が爲に發達期にある兒童の敎育法をば全然敎授といふ主知主義的の形態を帶びたるものによらなければならぬとするの理論は成り立たないのである。

所謂作業主義の根抵には兒童生活を指導する爲には、筋肉的活動による作業即ち勞作といふものが、重要なる意義を有するものであるといふ事實があるのである。個人と個人とを仕事によつて結合するといふことは、社會生活に應ずる者の敎育に於ては、必要缺くべからざるものである。而も主知的學習そのものを目的とせずとも、作業の結果は自ら知識を創作生産することゝなり、より充實したる經驗を背景としたる眞の意味の知識を得ることゝなるのである。作業は又直接には人間的活動の訓練を行ふものであつて、言語上の敎育の弊に堪へられなくなつた現代に於ては、他にその改造案を見出す事が出來ない。又現代人の子弟そのものゝ性質から見ても彼等の缺乏して居る筋肉的體驗を多分に

供給する作業でなくては到底完全なる人格の基礎を作ることは出來ない。況んや現代の經濟生活に於て生産の何たるかを解し之に興味を有つ人間を益々多く要求して居る事實に鑑みれば、徒に傳統に囚はれて、又抽象的敎育論に囚はれて學習學校の形態を擁護し之を保守するが如き傾向には、到底賛同し得ざることは何人と雖も明かであろう。

されば學習か作業かの問題は之を理論的に言ふならば、學習の爲に學習をするのではなくして、吾人はある目的の爲に作業をし、その作業の結果は自然に若干の學習になる。若しもその目的を學習に置いて作業をすることになれば、それは作業であり學習を生ずることであらうけれども、それでは從來の學習學校となつて了ふものである。新敎育の要求は從來の學習學校の弊が餘りに多きが爲に之を矯正するの手段としても之を作業學校とするより外に途はないとするものである。

吾人が從來從事して居つた學校や學級も、亦從來の世界の敎育思潮の影響を免れることは出來ずに進んで來たものであつて、その經營は動もすれば學習學

校・書物學校・教授學校の型に囚はれて、自ら意識することもなかつたのである。されば將來の學級經營に於ては、吾人の擔當する學校若くは學級が、學習學校としての如何なる位置にまで進んで居るかを冷靜に診斷し批判しなければならぬ。而してその學習學校としての病弊の輕重大小を正當に考量し、之が對策として、新教育の立場に立つて如何なる程度にまで作業學校の主義を實施すべきかを判斷するのが、具體的に一學級の擔任者としての責任を果す所以の途であると思ふ。之が學級担任者として生きたる教師、資格ある教師を要求する所以である。

第三節　學級教授か團體作業か

學級教授か團體作業かの問題も屢々起る問題である。併し乍ら上來述べたところを推論すれば此の問題も自ら解決する筈である。

學級教授は舊式教育の一型式である。而も教師の聲音を以て直接に且一律に

生徒兒童の精神に影響を與へる點に於て團體作業の及び難い長所を有して居る。併し乍ら學習といふものに囚はれて兒童生徒の本質的活動を考慮せざる點に於てその價値を團體作業に讓らなければならぬとしたならば、此の兩型式の敎育的活動が如何に鹽梅せられるべきかは、餘り詳しく論ずるまでもないことである。

只爰に注意すべきは、學級敎授は一學級全體としての兒童生徒を、一全體として取扱つて居りながら、その一全體としての社會的生活といふものを實現する餘地の無いといふことである。これをして眞の一全體らしくする爲には、玆に學級敎授の對象となりつゝある一學級といふものゝ社會的生活に生命あらしめるだけの工夫がなければならぬ。

從來の學級敎授の過程を見るに獨演式敎授法によるものは、到底學級をして社會生活を營ましむるに適しないものであるが、從來最も多く適用せられて居る問答法による學級敎授は、此の塲合注意して研究して見る價値のあるものである。蓋し問答法といふものは計畫としては元來被敎育者の本質的活動に「探

り」を入れつゝ敎授を進行させて行かうとする計畫であるからである。

然るに現代に於て彼の問答法を適用せる學級敎授を見るに、多くはその本來の意義を沒却して、敎師の一問に對し生徒兒童側の一答を以て學級敎授を進行させて行くこと、恰も敎師の敎授を進行させる手段なるかの如くに使はれて居るのを通例として居る。學級敎授が敎師中心である以上は、此の活動型式は止むを得ざるものであるかも知れぬが、茲に學級敎授を採用するとしても大に改良を施すべき餘地があるのである。

敎師の一問に對して、ある生徒の一答することによつて、敎師は學級敎授の進行に有利なる條件を得たりとして、直に之を以て全生徒の答なるが如くに思惟することは、即ち學級の社會生活の生命を失はしむる所以である。今日旣に同一學級生徒の間にも、多大なる個人差を認むべきことが明かになつた以上は、敎師の一問に對しては一學級四十名の生徒ありとすれば、四十の異なつたる答はあり得ることを豫期しなければならぬ。假令それが二と二と寄せて四となるといふが如き純理性的の事柄にしても、必ずしも四十人の生徒に對して同一の

答を豫期することは不可能であると謂はなければならぬ、況んやその事柄の性質に於て殊に多くの個人差を認容せざるを得ざるが如き場合に於ては尙更のことである。例へば敎師の問が生徒の情意活動によつて答を得べき性質のものゝ如き場合に於ては、必ずや敎師は先づ一答に對しその由つて來るところを深く省み詳に察し、尙他の多くの答によつて、更に學級全體の社會生活を覺醒し、茲に問題を個人個人の問題とせずして學級全體の問題とすることに努力工夫しなければならぬ。斯の如くなれば、學級敎授の型式に於て出したる敎師の問は直に轉じて團體作業の型式に於て進むことゝなり所謂社會活動となつて了ふのである。されば若し學級敎授を行ひつゝある敎師も一度問答法を適用して單に一生徒の答のみを相手として進行せずに比較的多くの生徒即ち全學級を一全體とするに足る程の心理的活動を起し得る範圍、換言すれば先に述べたる心理的統一體となし得るに十分なる程度に、多くの生徒の答を發表せしめ、その答を團體作業の中心として進行して行く樣に工夫を凝らすならば、學級敎授は即ち團體作業となり、茲に學級敎授か團體作業かの問題はなくなるのである。

勿論學級敎授が凡ての場合にかゝる進行を成し得るものではないから、學級敎授と團體作業とは自らその分野を有することゝなる譯である。而して之を新敎育の立場から論ずるならば、舊來の學級敎授そのものは、之を團體作業となし得る範圍內に於て成るべく多くその型式を變改して以て學級全體としての活動に社會的生命をあらしめなければならぬ。されば知的精神的作業の爲に學級敎授を行ふ場合にも、出來得る限り社會的生命を無視したる學級敎授は之を最少限度に制限し、團體作業は出來得る限り之を多くして、學級敎授の型式に於ける活動に於ても成るべく多くの部分は之を團體作業の型式に移り行かしむる工夫がなければならぬ。

之を要するに個人敎授個人作業にのみ依賴して行くことが敎育上缺陷ありとするならば、吾人は團體活動を研究しなければならぬ。然るに從來の學級敎授といふものは之を嚴格に吟味するならば、個人敎授でもなく社會的團體敎育をも實行して居らぬことが明かとなつた。果して然らば新敎育の一型式たる團體作業の特徵を研究し之が敎育的特色を意義あらしむる途を講ずるのが即ち學級

經營者の研究題目でなければならぬ。

第四節　作業か生活か

學習か作業かの問題は先に論じたのであるが、之と同樣の强さを以て作業か生活かの問題も起つて居るのである。蓋し學習の爲の學習ではなくして、目的の爲の作業を以て敎育的學校の賴るべき手段を踏むべき途であるとしたならば、その所謂「目的」なるものは何によつて生ずるか。從來の敎育學の論ずるところは敎育最高の目的は凡ての敎育活動を支配するものであつた。而も此の最高の目的より一々の作業の目的が割り出さるべきものとされて居つたのである。併し乍ら新敎育は兒童を中心とする。その點に於て此の所謂作業の目的は即ち兒童生徒の自身が認めて實現せんとする目的たるを要するのである。然らば自ら認めて實現せんとする目的は何れより來るか。是に於て我等は生活か作業かの問題に觸れざるを得ない。蓋し兒童生徒が自ら認めて實現の價値ありとする

ものは、兒童生徒それ自身の生活を離れてはあり得ないのである。是に於て被敎育者の心身の生活を第一の基礎とするの思想を生ずるのである。

兒童生徒はその生活を營みつゝある間にその生活環境の刺戟によつて種々の衝動を生せしめられる。所謂仕事の衝動は即ち作業主義敎育思想が之によつて敎育の原理を立てんとするものであるが、此の仕事の衝動を刺戟するものは敎師の計畫による敎授でもなく敎師の計畫による作業でもなく一に兒童生徒の生活殊に彼等の生活環境が主となつて兒童生徒にその衝動を發動せしめるものである。茲に於て生活殊に生活環境によつて規制せられて行く生活こそは敎育がよつて以て立つて行くべき作業の源泉であるのである。

生活は作業を生む。蓋し環境を以て維持せられ刺戟せられて居る生活は何等かの活動何等かの目的を戟發せずには措かないからである。

之を他の立場より見れば兒童生徒の生活は彼等の全人の活動である。全人の敎育を完成せんが爲にはその生活を指導しなければならぬ。而も從來の敎育は生活を說き環境を說きながら、諸種の環境を施設して、これを一種の鑄型とし

て考へ、その型に嵌めることが教育者の任務であると考へた。吾人の所謂環境はこれによつて生活を營ましむる環境である。その生活たるや自然的でなければならぬ。その自然の生活こそは教育者が認めて以て文化價値ありとする目的活動を發生することを期待し得る生活である。その兒童生徒の本質に適したる作業を發生するに適當なる生活である。斯かる生活環境によつて、刺戟せられ發生せしめられた目的活動の中、教師が認めて最も價値あり最も本質的なりとする活動は、乃ち作業となるの價値を認められるのである。

されば作業となるまでに、教育者の努力すべきことは非常に多いのである。既に作業となればそれは作業指導の原理に從ひ、一定の軌道に從つて行動さへすればよいのであるが、その生活を適當に規制して最も價値ある作業を發生せしめんが爲には、教師として努力すべき事項が甚だ多いのである。その生活をして規律あらしめ、その心身をして健全に保たしめなければ、自然的生活によ る有價値の活動を發生する見込はなくなるのである。その生活をして單調ならしめて置いては、到底有力なる動機を持つ目的活動を發生せしむる見込はなく

なるのである。餘りに複雜にして變化に富める生活も亦有力なる目的活動を刺戟することは出來ぬであらう。餘りに個人に偏したる生活も、餘りに社會に偏したる生活も共に自然的生活を營ましむに足らず、從つて本質的活動に觸れたる目的活動や作業を發生するには足らぬであらう。又等しく社會的生活といふとも餘りに少數のグループの社會的生活であつては全學級の團體作業を發生するに足るべき刺戟となる程の目的活動や、作業を生せしめることは困難であらう。

以上は生活をば作業を生み出すべきものとしての考慮の下に問題となるべき主なる條項を擧げたるに過ぎぬのであるが、生活を生活として其れ自身の價値ある點から考察すれば、吾人は生活はそれ自身の爲のものであるといふ絕對的立場から生活それ自身を考察することが必要である。即ち從來學習も作業も要するに方便的に考察せられて來て居るのであるが、既に生活といふものになつた以上は、吾人は茲に生活の絕對的立脚地を認めなければならぬ。生活は生活の爲にして何等の目的に對する方便ではないのである。されば生活は生活とし

て、それ自身完全なることを要求する。その爲には諸種の硏究を要するのである。

所謂生活の場所としての學級の硏究、學校の硏究は未だ完全に出來ては居らぬ。前章に於て述べたるところは僅に直接必須の條項を擧げたに過ぎぬのであつて、未だ完全を期する譯には行かぬのである。ブラッセル大學のドクトル・デクローリー氏は彼の實驗學校をば「生活の爲の生活學校」と稱へて居つてその環境として敎室も校舍も凡て生命あるものによつて取り圍まれて居ることを必要條件とし之を實行して居る。蓋し世界に於ける此の種問題の權威といふべきではあるまいか。

以上兩樣の立場から見て完全なる意味の生活が行はれる場合には、其處に文化價値を發揮すべき若くは所謂有効なる學習結果を齎すべき作業の生れ來るのは當然の歸結でなければならぬ。

されば吾人は生活にまで徹底することによつて始めて被敎育者それ自身の目的を發見し目的に到達した譯である。作業も遊戯も敎授も學習も凡ては此の最

高原理にして最高事實たる生活からのみ演繹せられるべきものにして、決してある哲學者の頭の中から割り出さるべきものではない。作業も生活より生れ出でたる處に權威があり、文化價値があるのである。敎授も生活から生れた場合、言ひ換へれば生活の必須に迫られて敎授を行ふ時に於て、妥當なる敎育法となることが出來る。遊戯も學習も結局よき生活、完全なる生活の結果である。知識も熟練も亦敎授や學習の結果ではなくして生活そのものの結果に外ならないのである。

されば生活は第一義であり第二義としては作業・遊戯が生れる。カール・グロース氏の如きも衝動生活から遊戯が流れ出るといふて居る。第三義第四義としては敎授が必要とせられ學習が行はれる。所謂合自然の敎育は先づ第一義に忠實にならなければならぬ。第一義の敎育に忠實なれば第二第三第四義のものは自ら結果として生れて來るのである。若し敎育が、合自然に進み得ぬ他の事情のために、第二義第三義第四義を直接の目的として活動する場合即ち此等を第一義として活動しなければならぬ様になつた時は、それは自然を犧牲にして居る

ものであることを忘れてはならぬ。而して、現今の敎育が事實に於て之を餘儀なくせられて居るとしても、それは必ずしも如何にしても止み難き事情の存するが爲ではなくして、寧ろ敎育者の研究の足らざるが爲に、知らず識らずに自然を犧牲にして顧みないことが多いのである。されば敎師の活動については、その一つ〳〵についてよく反省し考察し、假初にも、その經營の根本思想に於て幼稚なるが爲に、反自然を敢てすることの無き樣に努めなくてはならぬ。之學級經營に關する研究の必要なる所以であると同時に、此等生活、作業、遊戲、敎授、學習等の諸項目について本論に於て攻究したる所以である。

世の生活即敎育論者又は作業主義敎育論者若くは學習論者等は、それ〳〵その固有の立脚地からのみ敎育を觀じて、動もすればその奉ずる思想そのものに忠實なるの餘り、生活を忘れ事實に盲目になり、その實際的活動に於て、極端に趨せ偏頗に陥るの弊が尠しとせざるのであるが、吾人の此の所論について多少研究するならば、恐らくは偏狹に失するの患もなく、又一方の極端に趨るの危險もなきことを信ぜんとするものである。

第五節　學級生活か社會生活か

既に述べたる通り、生活といふものが教育に於ける第一義的重要さを持つものであるとするならば、爰に學校教育でも學級經營でもその根抵を生活の上に置かなければならぬことは明かなることであるといはなければならぬ。實に教育の理論の上に於ては餘り世界に貢献しても居らぬと考へられて居る英國の教育が、他の諸國の教育と比較してその實績の見るべきものゝあることは、何人も共に認めるところである。而して實際に於ても英國教育の代表的學校と謂はれ考へられて居るところの彼のパブリック・スクールズの如きはその教育當事者は勿論のこと、その出身者も一般社會の人士もその教育内容の唯一の誇を感じて居るものは即ち彼等の言葉を借りて言ふならばパブリック・スクール・ライフといふものである。即ち學校生活そのものに就てゞある。一體イングリッシュ・ライフといふものは英國人のお國自慢の一つであつて、その政治や軍備や富力に

於てよりも、英國風の日常生活そのものを國民的の誇りとして居るのであるが、敎育に於てもその學科課程の貧富や敎授法のよしあしよりも學校に於ける一般的の學校生活そのものを重要視して居るのである。彼のパブリック・スクールの敎育内容に就ては屢々外國人から批評されて居るに關らず、その價値はその學校生活そのものにあるといふて平氣で居る。その生活を味つたものでなければ、所謂紳士の仲間入りは出來ぬものとして居る位である。此の思想は傳統的であつて、必ずしも科學的根據のある譯ではないが、之を現代敎育思潮に鑑みれば、實に彼等は新敎育の思潮を、實行して居るものといふべきではあるまいか、少くともその型式に於て現代敎育思想の要求するところに適合して居るといふことが出來る。但し英國敎育界の最近の傾向は必ずしも例のパブリック・スクールズの傳統的敎育を謳歌せず、一般民衆の爲の公立學校の必要や要求からパブリック・スクールズといふものゝ傳統的學校生活を特色づけるところの寄宿舍生活のなき學校即ち所謂ディスクールズ所謂學級生活だけで學校生活を濟ます流儀の學校、即ち今日世界の各國に於て最も普通に行はるゝ公立學校の型を以て將

來の理想的學校とするの新傾向となつて來たのであつて、傳統的の學校生活そのものに重きを置くところのパブリツク・スクールズの型式に對し、或はパブリツク・スクールズそのものに對し、一種の反感を生じて來て居る事實があるのである。恐らくは近き將來に於ては、惜しむらくは英國大多數の青少年は彼の英國特有の、學校生活を樂しむ流儀の學校敎育を受けることは出來なくなるかも知れぬ。而して數に於て、大多數の學校は、世界の他國の學校のそれの如くに、學習學校・書物學校・敎授學校となつて仕舞ふかも知れぬと思ふのであるが、之も亦國民一般が敎育を受くるの權利を自覺した塲合には、當然に來るべき運命でなければならぬと思はれる。

本題たる學級生活か社會生活かに移らうと思ふが、以上の序說は、爰に謂ふところの學級生活の何たるかを說明する爲に、必要なる豫備と認めたからである。蓋し學級生活はその言葉の示すごとくに旣に「生活」である。從つて生活第一義の上に立つ敎育に關係深きものたるは喋々を要せぬのであるが、所謂學級生活は、生活の文字に冠するに學級を以てして居る。而して學級とは從來敎育

の目的の爲にする教授の實施の爲に必要なる組織としての一團に對する名目であつて此の思想を基礎として居る以上、如何に生活といふことを高潮し力說して見ても、それは到底生活の爲の生活を實現することは出來ぬ。學級といふものから生れて來る生活に限られて仕舞はなければならぬ。即ち敎授やその相關事項たる學習をする爲の生活であるといふことになつて仕舞ふのである。之れ學級生活の普通の意義である。而して從來の敎育者が、多少新しき思潮に觸れて、舊式敎育の囚はれから脫却しようと努めた結果も、結局は此の意味の學級生活の範圍を脫却することは出來なかつたのである。

然るに敎育に於て生活を第一義とするの眞の思想に忠實ならんと欲すれば、吾人は全然別個の立場に立たなければならぬ。

それは即ち生活の爲の學級であつて他の言葉を以てするならば「生活學級」である。此の場合學級の文字は存するけれども、殆どその本來の意義・傳統的意義を脫却して、所謂新敎育が要求する學級の概念を代表することゝなる。即ち此の生活學級の意義は別言すれば「社會生活の爲の一團」といふ程の意義となるの

である。されば學級生活の意義は全然失はれて全體が社會生活そのものを指示し意味する事となる。從つてその一團の成員たるものは、その本來の意義に於ては必ずしも等質を要求せず寧ろ不等質・變異性を有するを以て教育的にはよき社會生活とするのである。蓋し等質のものは教育者の力を須ゐずして自ら社會生活をなせども不等質の者をして共に社會生活をなさしむる所に教育者の仕事があるからである。勿論餘りに不等質・變異性の多きに於てはその一團たるの性質に於て缺くる所あり、弱點を生ずる虞があるのであるから、その一團たるに禍せざる範圍に於て、不等質・變異性を包容するがよろしいのである。此の點から論ずれば、學級は先にも論じたるが如く、年齡・智能性別等の區別を以て、その限定的要素とするの必要はこれを認めないのみならず、進んで年齡の差別・智能の差異・性別等を超越したる他の生活條件、換言すれば社會生活を健全ならしむるが如き共通の何物かを以て生活學級組織の要素とすることが必要の條件となつて來るのである。例へば共同喜悦の感情、相互信頼の念、共通の興味、共同の利害關係等がこれである。彼のハムブルグの實驗學校に於ては、その住居

の隣同志といふこと、兄弟姉妹といふこと、同一學科の研究者等が各々仕事の分團を作りそれが自然の社會をなして居るが如きは最も味ふべき事實である。詳細は學級の概念に於て論じたからこゝには之を畧す。

現實の問題としての學級經營上に於ては、以上の論議によつて明かなる如く、學級生活といふよりは之を社會生活の一形式として考へるを以て妥當なりとするのである。而して、學級が社會生活の一形式であるとするならば他の社會生活の形式は果して何れに求むべきか。學校生活を全體として觀たる場合に、此の生活も亦一つの社會生活たることを忘れてはならぬ。現實に於ける學校生活は、學級の成員たる各生徒兒童の社會生活たるのみならず、主義としての學校生活は、當然の結果として學級に於ける社會生活にも影響を與へるものである。學校生活が社會生活としての性質を實現せんが爲には、學校を一團としての共通の興味による生活を營ましむることがなくてはならぬ。之は學校經營者の當面の任務である。

＊編集上の都合により、底本２１１～２５６頁は削除した。

學級經營原論

奥附

昭和二年二月十五日印刷
昭和二年二月二十八日發行
昭和二年三月五日再版發行
昭和二年三月十日三版發行
昭和二年三月十五日四版發行

定價金貳圓八拾錢

著作者 北澤種一

發行者 永田與三郎
大阪市南區内安堂寺町一丁目二十八

製版者 谷口松市
大阪市東區清水谷西之町三一四番地

印刷者 富永貞三
大阪市天王寺區東平野町一丁目三〇

印刷所・東洋圖書株式合資會社印刷部

製本所・淵本製本所

發行所
東京市神田區表神保町二番地
大阪市南區内安堂寺町一丁目廿八
奈良市南半田西町十三番地
東洋圖書株式合資會社
（直接註文一手取扱）大阪市南區内安堂寺町一丁目・振替大阪三九五五六番

大賣捌所
（東京）南海書院・東京堂
（大阪）寶文館・盛文館
（名古屋）川瀬・星野
（京都）京都書籍・博省堂
（久留米）菊竹
（佐賀）大坪
（熊本）長崎

学校経営原論

北澤種一著

學校經營原論

東京
大阪
東洋圖書株式合資會社發兌

序

學校經營問題は余が最近數年間專ら精力を傾倒したる主要研究問題である。これ一は直接關係せし東京女子高等師範學校附屬小學校主事、並に同校附屬高等女學校主事たる地位の必要に迫られし事にも因るが、主なる理由は現代實際教育の根本的研究の必要を痛感したる結果である。

本書は、中には各地の講演會・講習會等に於て講述したる部分もあるが、其の後更に思慮を練り推敲を重ね、其の秩序を整へよく首尾一貫せしめて、初めて公刊するの運びに至つたものである。

書中余の最も苦心し且興味を以て記したるは、第二章の校長觀で、又特に余の研究を披瀝したるは、第五章の作業學校である。讀者はよろしく留意叱正あらん事を希ふ所以である。

本書は余の前著たる『學級經營原論』の姉妹篇である。否寧ろ其の前提をなすべき母體篇とも稱すべき性質のもので、只研究の都合上相前後したるのみである。故に廣く余の意圖を解せられんとする士は同書及び同じく前著『作業主義學級經營』の二書をも併せ讀まれん事を切望する次第である。

附錄六篇は學校經營問題並に作業教育問題に關係深き余の最近の論文にて、本書編述の趣意を相補ひ相援くるものと思ひ、敢て集錄したものである。

本書の内容には東西幾多の先輩並に文獻に負ふ所多く、又其の出版については東洋圖書株式合資會社社長並に社員の勞を多く煩はした事を附記して感謝する次第である。

昭和六年十二月四日

東京お茶の水にて

著　者　識　す

學校經營原論

目次

目次終

＊編集上の都合により、底本１～５６頁は削除した。

第二章　校長觀

以上吾人は第一章に於て現代に於ける學校觀の如何にあるべきかについて、之を論じたのであるが、學校經營者たる學校長が若し果して斯かる學校觀を有するとしたならば、その當然の結果として學校長といふものを如何に考へ且つ觀るべきか、又如何なる見識を以てその學校を經營すべきであるかといふことが次に起るべき問題である。本章に於ては此の問題を取扱ふ積りである。

第一節　誤れる校長觀

吾人は、先づ從來の校長觀が如何なる點に於て、現代の學校觀に適應せざるものであるかを吟味する必要がある。これ本節に於て研究しようとするところである。

從來種々の校長觀が行はれて居つたのであるが、新しき學校觀の成立が歐洲

大戰後に起つたと同樣に新しき校長觀は歐洲大戰を境として擡頭して來たものである。

歐洲大戰以前は、獨逸の國民學校（Volksschule）の校長は、レクトル（Rektor）といつて、大學の總長と同じ名稱を有し、敎員の上に臨む態度も官僚的で、其の全校を統べ率ゐる權威も偉大なものであつたのである。從つて敎員の人格は殆どあれども無きが如く、父兄の權利は少しも認められず、只校長に盲從し一切を校長の權威に任せたものであつた。之がレクトルの觀念であつた。

然るに最近に至つて、レクトルをばシュールライター（Schulleiter）といふ言葉を適用することが、普通になつたのである。これが學校に於ける校長觀の變化を暗示するものである。ライター（Leiter）といふのは英語のリーダー（Leader）である。シュールライターとは卽ち學校指導者といふ意味である。そこに法令上の意味もついてゐるが一般の敎育者の思想が指導者と呼ぶやうになつたのである。これは、一般の思想界の變化、社會狀態の變遷が之を然らしめたものであると思ふ。

今先づ誤れる校長觀について述べて見よう。

一　校長は司令官に非ず

學校の組織を一面から見れば、學級といふものから成つて居り、その學級は兒童の多數から成つて居り、一學級には一人の學級擔任教師があり、その多數の學級擔任者の上に校長が多數教員の長として立つて居るところを見れば、一見軍隊式の編制を思はしめるものがある。併し乍ら軍隊に行はれて居る精神と、學校に流れて居る空氣とは、自ら其處に截然たる區別のあることを認めなければならぬ。

軍隊の精神は、ある人のいひたるが如くに『余は司令官の權能を有す。されば彼等をして進ましむるも退かしむるも總て余の意のまゝなり。又彼等をして仕事を爲さしむるも、彼等の仕事を禁止するも、總て余の意志の發動に任せられてあり。』といふが如き狀態にあるのであつて、之が軍隊の特徵を形成すると同時に軍隊にあつては斯かる實行を必要とするのである。蓋し敵を向うに廻して

居つて敏速なる處置を行ひ、以て機宜に應ぜんと欲せば、自ら獨斷專行を要求するのは必然である。

然るに教育にありては、又教育の實施せらるゝ學校にありては、常に必ずしも獨斷專行を主とせずに、それ〴〵關係者共働者の諒解を求め合意を求むることによつて實行を進むるを良しとする性質の行動が主となつて居るのであり、一般に學校の作業は精神的のものであつて、其の影響が直接目前の敵對行動の如き性質を有せず、寧ろ其の影響は國家百年の後を支配するものであり、教育當事者の全心身を打ち込みたる活動たるを要するものであり、命令による活動よりも自發による行動を以て有効なるものとすることは教育活動の軍事活動と其の性質を異にするところである。命令はその行動の何の爲なるを知らずとも、依らしめさへすれば、それにて目的を達成する事が出來る。即ち命令は之に器械的に從順なれば、自らその目的は達成せらるゝ場合に有効なる方法である。然るに教育的活動は之を行ふ者が眞に其の活動の意義價値について明かなる意識を有せざる時は、單なる器械的行動となり了り、遂に其の精神的目的を達成

することは出來ないのである。茲に單なる命令では教育の目的を達成し難き理由があり、獨斷專行では部下教員をして學校の教育に共働せしめて學校を前述の如き教育施設となすことは不可能である理由が存するのである。

凡そ教育は、一定の活動形式を常に反覆して居りさへすればその効果が收められるものでは無くして、現業に從事して居る教員その人が、常に自己の創始性を發揮して、以て生きた生成發展しつゝある兒童の活動を指導して行かなければならぬものである。常に一定の形式的活動を反復して居るものは、漸次共精神が脱却して仕舞ひ、教育全體に精神が亡くなつて仕舞ふものである。されば校長は斯かる位置にある教員を指導して居るものである事を忘れてはならぬ。

若し、之を忘れて徒らに校長の權威を振り廻して、司令官的の命令や禁止をこれ事として居る時には、教師は之に慣れて先づ精神の無き器械となり、自己創始の能を失ひ、次に兒童・生徒も亦器械的活動者となつて創始を失ひ、精神は鈍感となり、生成發展の望が無くなるのである。斯の如き學校に於ては、兒童・生徒は常に軍隊の如き行動はよく上手に行ふ。それは常に軍隊としての取扱に

慣らされて居るからである。併し乍ら斯くの如き學校に於ては、疲勞者や落伍者が澤山出來て來て、皆列外に驅逐されて仕舞ふのが常である。それは大人が形成して居る小隊とか中隊とかいふものにありては正に然るべき理由があるのであるが、未だ大人とならない者が、之から生成發展しようとする者が澤山集つた團體に於ては、斯かる軍隊的取扱は最も警戒しなければならぬのである。所謂閑却せられたる兒童生徒といふもの丶生ずる理由の一つは、此の軍隊的取扱によるものであつて、その根本の原因は卽ち誤れる校長觀・司令官としての校長觀に歸すべきものであるのである。

二　校長は事務長に非ず

凡そ事務の長官たるものには、任免の權が與へられて居るのである。事務長・事務取締役といふ樣な者は、命令を下し、物品の賣買收益等の事務に從事するもので、其の部下の人々の感情・意志に深入りする必要は無いといふのが普通の例である。校長も亦斯くの如しと考へて居るのは是亦誤れる校長觀である。

學校の物質的方面に於ては、何處までも所謂『事務的』處理を行はなければならぬ。併し乍ら校長が常に部下教員を自己の使用人の如く雇傭者の如く考へて自己のポケットより其の部下の俸給を仕拂ひ居るが如き考へ方をする時は卽ち事務長としての校長觀を實現して居るものである。或は又部下は何か惡しきことを爲しはせぬか等と考へ、常に探偵的の眼光を以て部下に接する時は、卽ち眞の校長となることは出來ないのである。

　事務的に事を處置することは、物質的の事に限り、教員と校長との間の關係は事務的であるよりも寧ろ人間的であり、社會的でなければならぬ。凡そ校長は教員を指導しなければならぬ。けれども專制的に彼是れ命令したり要求したりする事は眞の指導では無い。又共働でもないのである。事務を處理するには、給仕や小使を用達しに遣る時の如く、これを爲せ、彼を爲せ、といふ命令を出せば充分であらう。けれども、一層微妙なる關係や教育的關係によつて結び付いて居る校長と教員との間は決して斯かる事務的關係であつてはならぬ。實に小使や給仕の用を足す場合でも、事務的であるよりも人間的社會的である場合

によく其の仕事の本來の任務を完全に遂行せしむることが出來、器械的である場合に小使や給仕の仕事は眞のサーヴィスとならないことが多いものである。

敎員は凡てを自分の思ふが儘に振舞つてよいと云ふものでは無い。一定の事項に關しては學校の意志に從ひ校長の命令にも服從すべきである。併し乍ら敎員をして自ら馬車馬の如く驅使されて居るといふが如き感じを持たしめる校長は、よき校長では無いのである。又敎員自らをして自分は校長の氣に入らない人間、校長に對しては、不愉快の目的物であると感せしむることがあつてはならないのである。

人に使用されて居る人は、その主人の怒に觸れゝば、其の邊の手當り次第の物品に當り散らし、やがて物品を投げ付けるといふ様なことは往々見受けることであるが、之は主人に對する不滿不平の感情を無生物に對して發することによつて、其の感情を解消せしめんとするに過ぎないのである。敎師も亦器械的に驅使せられる場合には恰も此の使用人の如くに當り散らすことゝなるであらう。併し乍ら此の場合當り散しの目的物は器械などでは無くして兒童・生徒とい

ふ人間であることを思へば、その害の如何に甚しきものであるかを想像することが出來る。實に百害あつて一利ないのである。教員の良心的敎育活動や兒童事務は强制することが出來るかも知れないが、の正當にして圓滿なる發達は之を强制することは出來ないものであることを知らなければならぬ。

三　校長は敎師の敎師では無い

凡そ校長として一學校の全責任を負ふの地位に立つ時には、大人の組織して居る學級の敎師卽ち敎師の敎師となつたといふ氣分になつてはならぬ。敎師は事實大人である。その品性は多少固つて居る。又自分自身の感情をも欲望をも所有して居るもので、從つて假令その行動が正しくとも正しくなくとも兎に角これを考慮する必要があり尊重する價値がある事を忘れてはならぬ。斯かる成人としての敎師は校長なり其の他の人々より仕事を要求される場合には、其の仕事それ自身に反對するといふよりも、其の要求が提出される樣式

に對して大いに關心を持つものであつて、要求の仕方によつては色々と理窟を付けて仕事それ自身に反對するに至るものである。校長はその顏に不滿の色を現はすことによつて、敎員に若干の仕事を强制することは出來ても、それによつて効果的の從順を獲得することは出來ないであらうし、又それに依つて敎員をして眞の尊敬を拂はしむることは難しいのである。

されば一般に校長は、敎員に對する態度に於て恰も敎員が兒童に對するが如く、仕事を課するといふ態度や、其の敎師を子供扱ひにするといふ態度は校長として採るべき良き態度では無いのである。

第二節　正しき校長観

校長は司令官でもなく、事務の長官でもなく、又敎員の敎師でも無いとしたならば、果して校長とは如何なるものであらうかといふ問題が起るであらう。

先づ第一に校長は事實を直觀しなければならぬ。

學校は自己の私有物では無い。教員の俸給は自分のポケットから出すのではない。而も又自分以上の權威ある者に對して責任を負はなければならぬ。教員と交渉し之を取扱ふ場合に考ふべきことは、教員が成人であるといふこと、而も責任を負ふことの出來る成人であること、自身の目的や感情や欲望や權利・義務を有し、或る程度まで自己活動を有し、從つて人格者であるといふことである。

校長と教員との關係は一方に於ては公式であるが、同時に又人間的關係でもあるのである。

加之先にも述べた如く、校長は教員を取扱ひ教員と交渉して居る場合にも、單に教員のみを其の相手として居るものではなくして、其の背後には多數の鋭感にして微妙なる心の持主、纖細なる身體を有する兒童といふものがあるのであつて、校長は教員を通して此れ等數百千の兒童を取扱つて居るといふ事實を認めなければならぬ。されば、若し校長が教員に對して誤りたる態度を採り、不當なる取扱を爲すに於ては、教員を通して多數兒童に與ふる惡影響は實に計り

知ることが出來ないのである。校長の簡單なる一語も、場合によつては一學級の兒童・生徒の全體をして終日暗き心に陷らしめることも有り得るのである。又若しそれが教師の人格に關係することゝなれば、一學期或は一學年を通して多數兒童をして晴々しからざる氣分にして仕舞ふものである。

リーバー氏の統制(ガバメント)に關する言葉は、校長の此の精神をよく說明して居るものである。曰く『凡そ自治といふことは其の人が其の人自身の世話を自ら進んでやらうといふ意志に根柢があるのである。從つて何事でも一般的に上から治めて貰はうといふ樣な傾向が無いことを條件とする。又各人をして他人のことは他人に任せて置くといふ意志をも根柢とするものである。されば、一般の空氣として干涉の行はれるところには自治は存立しないのである。從つて統率の位置にある者が統率者として出來さうに思ふことは、何でも爲るといふ一般的性向、換言すれば校長の統督上の權限に與へられたることは何でもかんでも校長が自ら之を行ふといふ性向を以てしては、自治は存立しないのである。自治は自由の系(コロラリー)であるのである。』と。

以上は大體に於て首肯さるべき説であつて、此の立脚地から考へて見れば校長が敎員を視ることは次の如きものでなくてはならぬといふ結論になる。

一　敎員は敎員自身の意志欲望を有して居り、自己活動を行ふ主體として認めるべきである。

二　敎員は分擔を命ぜられたる若干兒童の敎育の爲に責任をもつて働き、兒童と共に働いて居る個人として認むべきである。

三　敎員は多少限定せられた形の人文的の目的を追求し實現して居る學校の一員として認むべきである。所謂學校の一員とは、他の人々と共に同輩關係に立つて共の學校を組織し構成して居るもので、必ずしも上下とか主從とかいふ關係を意味しないのである。

されば、校長は敎員の個性を尊重しなければならないが、而も敎員の自己活動なるものをも指導しなければならぬ。自治を許容するのみならず、自治をも指導しなければならぬ。又自治を助長し、發展せしめなければならぬ。

校長は只座して支配し命令を出して居つても更に効果は擧がらない。敎員を

罵倒して居つても役に立たない。試驗の點數を調べてそれで敎員を鞭撻してもそれは器械的の强制になるのみである。徒に權威を主張しても無用である許りでなく、却つて滑稽となることが多い。

されば校長は共働者とならなければならぬ。敎員と共働し敎員を扶助し、敎員の過誤を訂正し、敎員の目的を昂上させてやらなければならぬ。而も此れ等の活動は人間的の接觸の緻密なる綵をたよつて爲すべく同情を以てその根柢となすべきである。かくてこそ眞に有効なる活動が行はるべきである。

校長は敎員をば、眞にあるが儘に認めなければならぬ。猥りに厄介者視して轉任を命じたり、免職させたりすることが出來ると考へてはならぬ。敎員の創始性を奪つて置いて、而して役に立たぬといふ極印を押すが如きは、最も戒めなければならぬ。

以上述べたるところによつて、校長觀の正しきものを分析的に記述して見るならば、(一)指導者としての校長(二)共働者としての校長(三)統制者としての校長の三に歸することが出來る。今逐次之を說明する。

一　指導者としての校長

指導者として教員に對する者といふ概念は、正しき校長觀の第一の要素である。

然らば、指導者とは何ぞやといふ問題が先づ起る譯である。指導者といふ概念に於ては先づ被指導者といふ者を豫想するのである。而して被指導者の特徴は指導の關する範圍に於ては、目的活動者であるのである。卽ち被指導者がある目的を以て而もそれは自己の目的といひ得る目的を以て活動する場合に、玆に上に立つ人卽ち校長の如き地位にある人が指導といふ形の活動を爲し得るものである。例へば教員はその擔當する兒童教育に就いて一定の限定せられたる自己の目的といふものを有して居る。此の目的を以て活動して居るところに教員の教員たるところがあるのである。此の教員に對し校長の臨む態度は卽ち指導者の立場となるのである。而して被指導者たる教師は、活動者としては目的を有して活動して居るのであるが、校長に比すれば經驗が乏しいのである。從

つて教員は教員の目的を達する道程に於て屢〻其の方途に迷うて居ることもある。此の時に何れに進むべきかを指し示す必要のある時に適當なる指示が與へられる時に指導されたといひ得るのである。

凡そ目的活動の行はれる場合に、最も中正なる指導を爲すには、目的が明瞭であるといふことが重要である。其の次は、相當に固執力がある場合に於て眞の意味の指導の可能性が多いのである。一般に一人前の教員は既に明瞭にして固執力ある目的を有して居る筈である。自己の擔當する學級に就いて如何なる經營方針を以て進まうか、自己の擔當する學科教授に於て、又その教育研究に於て、如何なることを目標として進まんか、といふ樣な事項に就いては相當に見識がある筈である。之を一々校長が指定して教授しなければならぬ樣では獨立の人格を有する教員とは言ひ得ないのである。併し乍ら時には研究の題目ははつきりしてゐるが、今日は圖畫を興味を以て研究して居るかと思ふと、翌日は體操をかぢつて見るといふやうに固執力のないものもある。殊に若い教員に於ては然りである。又既に體操といふ教科目について研究して居る場合でも、

今日は或る本を讀んで居るかと思へば翌日は他の本といふ様に轉々としてその方途を變更して効果が擧らない活動をして居る敎員は、屢〻見受けるものである。斯かる傾向はよき指導者なき時には、遂には所謂習慣となつて、其の敎員の一生涯を通して敎員としての成功をかち得させることは困難である。斯かる敎員をして所謂習性とならないうちに正しき刺戟を與へれば正道に立ち返つてよい敎員となるものである。斯かる刺戟は或は暗示といふ形をとり、又はヒントといふ形を採るのであるが、何れの場合に於ても敎員自らの有する目的、而かもそれは明瞭にして固執性のある筈であるから、その目的性に即して刺戟を與へる。即ち『君がその目的を達せんとならば、今の行動は之を訂正せねばなるまい』とか『君のその目的と今日の行動とは如何に關係して居るのであるか』といふ様な刺戟を與へることによつて、若き經驗に乏しき敎員は、正しく指導せらるるものである。之は即ち指導者としての校長の任務である。

更に一層注意を要する敎員は、その目的さへも明瞭に立て得ない者であつて、斯かる敎員は、補助敎員等に於ては往々見受くることである。此の場合には最

早指導までには及ばないのであつて、校長は指導の性質を變じて誘導の方へ進めてやり、校長自身が當の問題に對して妥當なりとする目的の方へ誘導することが必要である。

誘導の方法を研究せんとならば、先づ目的不明なる者の性質を吟味しなければならぬ。蓋し目的不明者の特徴は何等かの要求はあるのであるけれども、未だ明かに之を意識するの力に乏しいのである。されば、暗々裡に要求されて居ることを明瞭に意識させてやる努力がなければならぬ。例へば、何か自分の擔當して居る學級に就いて意に滿たざるものゝあることだけは意識して居るけれども、未だ自分の力では發見することが出來ないのである。之を洞察して思ひ當らしめてやる活動が卽ち誘導である。されば誘導せんとする者は先づ被誘導者の要求して居るものを洞察するの明がなければならぬ。此の洞察の明は多くの場合校長の過去の經驗によつて生ずるものである。餘り頭のよい校長、餘り苦勞をした事のない校長には此の洞察の力が乏しく却て批評的にのみ働くことがある。之が校長の敎員に對する同情の必要なる所以である。

之を要するに不明瞭なる目的を明瞭にすることは誘導の第一段階である。而も之を爲すには相當の同情と洞察の明とを要するのである。而も同情と洞察力との外に他人を引き付ける力を必要とする。明かなる目的を提示されても誘導者に引き付ける力が乏しいならば被誘導者の意志を動かすには足らないものである。次に誘導を受くるものは、固執力が弱い。故に校長としては時々目的活動に就いて注意してやる必要がある。『此の間のあの問題は其の後どうなつたか』といふやうに注意を與へ、固執力を維持繼續させる刺戟を與へる。之が誘導である。

指導を受くる教師は、經驗に乏しい短所がある。故に指導者たる校長としては經驗のある人でなくてはならなくなる。教師に於て目的が明確であつて、固執力があつても實際の實行方法に熟練を缺いて居る。從つてあせる結果はエネルギーを浪費して努力の割合に思つたほどの能率が擧らない。これは必ずしも教員其の人の素質にはよらない。目的も明確、固執力も足らない譯ではないが、唯目的達成の方便に於て未熟であるからである。而してエネルギーの浪費の中

にも、二種類ある。一は同時的エネルギーの浪費、二は繼續的エネルギーの浪費である。同時的浪費といふのは、注意散漫といふことである。一つの仕事に精神を集中することが出來ずあちらこちらと心が移る狀態である。

第二の繼續的エネルギーの浪費は例へば、今日の活動と昨日の活動との間に統一的の關係がない場合の如きをいふのであつて、一步右へ行つたと思ふと、次には一步左へ行く、一步前へ進んだと思ふと、次には一步後へ退くといふ行き方である。凡ての活動に前後左右の連絡がなく、共の行動に統一がないことである。斯かるエネルギーの浪費者に向つては、校長は之を正しく指導する義務があり責任があるのである。

敎員のエネルギーを目的に向つて集中させ、固執力の弱いもの若くはないものには固執力を發達せしめ、秩序のない活動に秩序を有たしめることが正しい指導の精神である。

而して之を導く場合に於て注意しなくてはならぬのは、凡ての注意も刺戟は暗示的に與へるといふことである。暗示的に與へるといふのは、被指導者が目

的の自覺者であるからである。而も時々自覺を失ふものであるからである。換言すれば暗示によりて直に元の自覺に立ち歸る可能性があることを豫想して居るのである。從つて校長の態度は何處までも自覺を促す態度であることを必要とする。これに引きかへ官吏的官僚的の態度で、かうしてはいけない、といふ態度で精神を仕事に集中させ、活動の秩序を維持するといふ態度では、被指導者の目的活動の力をそぐことになる。直に自分の目的に氣づくやうの刺戟を與へ、自己目的に精進するやうに刺戟するところがなければ指導ではないのである。威力・官權といふものによる刺戟は、其の效果を齎すことが覺束ないと言つてよいと思ふ。

之を要するに指導者としての校長は敎員を其の直接對象とするものである。敎員が一定の人格を有し、一定の目的の下に活動して居ることは學校の敎育を進歩せしめ改善するに必要なる條件である。而も凡ては敎員に委任せられたものではなくして、敎員と雖も未だ完全なる敎育者でない以上は、茲に其の目的活動に對して外よりの適正なる指導を要するものである。此の指導を與ふるも

のは卽ち校長の任務である。

而して指導は何處までも被指導者の有する自覺的目的活動をその豫備條件とするのである。只漠然と『指導を仰ぎたい』というて來る人には指導することは出來ないと同時に指導者たる校長も、敎員の目的活動を的確に認識して居るでなければ指導者となることは出來ないのである。從つて校長敎員相互の理會が必要條件となる。校長が敎員の目的を情意的に認識すると、同時に敎員は校長をば自己以上の經驗者・優良者としての認識のあることを必要條件とする。玆に適正なる指導の行はるゝ可能性があるのである。而して此の條件が滿たされるや否やは、やがて校長の指導者としての資質の有無を決定するものである。尙本項に關しては拙著『學級經營原論』を參照せられんことを望む。

二　共働者としての校長

校長は敎員を指導する者であると同時に、又同輩者として社會的關係に於て敎員と共働する者である。之は新しき學校觀より當然派生せらるゝところの新

校長觀の重要なる要素である。

(一) 共働の意義

共働(Co-operation)といふ語は、社會學上の用語である。社會學者ギッヂングス(Giddings)は、

共働とは多くの種類の相互扶助をいふ。

といつてゐる。又曰く

凡そ人類の活動で、何等かの形で共働でないものはないのである。

と。又曰く

共働とは、同一の刺戟に對して同樣の反應を生ずることである。けれども同樣の反應をするからというて必ずしも共働が行はれて居ると判斷することが出來ないのである。

と、蓋し共働者の意志を重んじたる趣旨が存するのである。

されば敎育的社會學の立場から共働といふことを解するならば今少し異なつ

た見方・力説點を異にする見方をすることが必要となつて來るのである。吾人の立場からいへば、

又共の目的實現の爲に各個人が自己の役割を演ずることである。

共働とは二人以上の自己活動者が、共通の目的の爲に、相互に扶助し、と定義することが最も妥當なるものである。

之に依つて見れば、共働は四つの事項を豫想するものである。第一には共通の目的、若くは目的物に對する共通の興味であつて、此の事はやがて同一の刺戟に對する同樣の反應を生ぜしむるものである。第二には各人が共の一團の凡ての人は同一の刺戟に對して同樣の反應をなして居ることを知覺して居ること、而して此の知覺は卽ち同類意識である。第三には交通をすることである。此の交通をすることも亦同類意識のあることを共の動機とするのであつて、同類意識があるによつて交通をして見ようといふ動機が起るのである。第四には相互に若干の信賴といふものを有することである。是れ亦同類意識を豫想するものであつて、彼は我と同類なりといふ意識の無いところには信用は存せざる筈で

ある。校長も教員も互に他を同類なりとする意識を有することによりて共働者となれるのである。

之に依つて之を觀れば、共働は相互的のものであることが容易に理解せらるるであらう。即ち校長から教員に對して扶助を與へるといふことを意味すると同時に、同樣に教員からも校長に扶助を與へることであるのである。即ち相互扶助といふことである。

今共働に必要なる條件を分析的に研究して見ようと思ふ。

(二) 共働の條件

先づ第一に共働者は、自己活動者でなくてはならない。自己の意志を以て働くものである。自己固有の意志をもつて、自己の道を進む人でなくてはならぬといふことである。之が即ち自己活動者である。所謂固有の意志とは其の動機が自己にあることである。校長が教員と共働する場合に校長も教員も共に自己活動者でなくてはならぬ。一方のみ自己活動者で他方は奴隷的活動者であつて

はならぬ。

第二は、二人以上の自己活動者が共通の目的を認めるといふことである。相互に共通の傾向を認めるといふことが共働の基礎である。共通の目的は共通の興味を必要とし、共通の興味は類同意識を豫備條件とする、故に二人以上のものが類同意識を根柢として一團となつて働くことを必要とする。學校に於ては、校長も教員も共の學校の成員といふ同一共通の目的を認識し之に向つてお互が扶助し同樣の反應をして共の目的達成の爲に努力することを必要とするのである。

第三は、相互扶助といふことである。校長と教員との間に、校長は教員を扶け、教員は校長を扶け、甲の教員は乙の教員を、乙は甲をといふやうに、相互に扶け合ふ精神に充ちてゐることである。かゝる感情を有するに至つて、學校全體の共働が行はれるのである。

凡そ共働は相互的であることは、既に述べたところである。而して相互的であるが故に、或は校長が自發的に教員に扶助を與へることもあるであらう。又

は教員が自發的に校長に扶助を與へることもあらう。而して此の兩者は何れを先、何れを後とも定めることは出來ないのであるが、現代の實狀を基礎として論を立てるならば、吾人は、校長は先づ須らく自ら進んで教員を扶助すべきであつて、之に依つて自ら校長も教員の扶助を受くるに至るであらうと思ふ。勿論相互的である以上は兩者の自發性を同等に認むべきであることは繰り返すまでも無いことである。

(三) 共働の種類

共働はその形の上から之を三種に分つことが出來る。(1)單純共働又は直接共働(2)間接共働(3)複合共働が之である。

1 單純共働

學校の各の成員が一つの共通の目的の爲に働くことは勿論であるが、その目的の實現の爲に各員が皆同一の仕事をすることである。例へば毎日朝會といふ行事を行ふことは即ち各員が單純共働を行ふことになる。而も同一の體操を校

長以下敎員兒童全部が之を行ふ時に完全なる單純共働である。校長は監督的態度を離れて共働的態度になつたのである。式日に御眞影に向つて全員が最敬禮を行ふこと、君が代を合唱すること皆之れ單純共働である。

校長は敎員と單純共働を行ふことによつて、完全に敎員と同輩關係に立つたといふを得べく、兒童及び敎員と單純共働を行ふことによつて全學校を一つの共働體とすることが出來る。而も單純共働は最も基礎的であり、原始的であるだけそれだけ敎員にも兒童にも共同作業團體としての學校を意識せしむることが容易に出來るのである。

學校に於ては劃一的規律によつて凡ての行動が行はれるのは卽ち大なる單純共働として見た時に共處に社會的敎育的意味が存するのである。

2　間接的共働

學校に於ける多數敎員と校長とがある共通の目的の爲に各人それぐ異つたる作業をなす時には間接共働が行はれて居るといふのである。卽ち校長としては學校參觀者訪問者等に應接すること、全校集合の會を指圖することを自分の

役割として活動すれば、書記は報告書を起草する、敎員は學級の敎育を行つて居る等、皆之れ間接共働である。凡て斯の如くそれぐ〵區別のある作業を行ふと雖も、學校統制上には皆必要なる作業である。

間接共働は一見すれば共働であるかないか不明瞭のものである。殊に兒童や生徒若くは幼稚未熟なる敎員にとりては、それぐ〵が別々の行動を採つて居るが如くにしか見えないので茲に校長も敎員も間接共働に關して明瞭なる意識を有し、之を更に全校に闡明にすることに努力を拂ふべきである。然らずんば眞實は共働であるものも、その眞實を認められずに個々別々の活動と見られ、共働體の實現は、自ら困難となるものである。世間に往々にして起る校長對敎員の紛擾は、此の間接共働が正當に理解せられず意識せられざるによることが甚だ多いものである。此の點から論ずれば、校長は出來るだけ祕密主義を排除し、凡てをフランクに開放的に敎員に對すべきであつて、かくてこそ眞の共働を期待することが出來るのである。

3 複合共働

單純共働と間接共働との結合は卽ち複合共働を生ずる。複合共働にありては、各人は各自の仕事を爲す、而も斯かる仕事は相互に關係づけられてあるのである。從つてある一人の仕事は他の人の仕事に直接に影響を與へるものである。實際の學校の活動は、多くは此の複合共働の形式を採るものであつて、必ずしも純粹の單純共働や純粹の間接共働が多く實存する譯では無い。例へば祝日大祭日に式を擧げるといふ時に、此の式といふものを分析して見るならば、部分的には單純共働又は間接共働であるが、式を全體として見たならば玆に模式的の複合共働が行はれて居ることが明らかであらう。同樣に學校全體は常に日々に複合共働を行つて居るものといふことが出來るのである。

（四）共働の基礎

校長と敎員とが共働する上に最も有効なるものは第一動かすことの出來ない忠實、第二公正、第三强固なる一貫性といふ數項である。

忠實の爲には校長は部下敎員に約束したことは之を手帖に記錄して忘れざる

様に心掛け、常に之が實現に努力し、實現して仕舞つた仕事は一々又之を記録することが必要である。如何に熱心な校長であつても、決議した事項を端から忘れて仕舞つたのでは、その忠實さが疑はれることゝなる。

校長も敎員も、同僚たる他の人が何かの行動を採る場合に、その眞の理由、その眞の目的をよく知つて居らなければ共働は出來ない筈である。而して此の場合最も必要なる條件は、忠實といふことである。校長は何等かの政策上の必要から、ある行動を採つて居り乍ら、部下敎員には之を打ち開けることが出來ないならば、忠實にその行動の理由・目的を知らしめることは出來ないといふものである。强い校長、正しい校長は決して斯かる不忠實なものでは無いのである。

次に正義を行ふに終始一貫の出來るといふことは、校長として最も大切なる共働の條件であり基礎である。

人の見て居るところであらうと、監督官の居るところであらうと、公開の席であらうと、苟も正義と考へられることは如何なる場合にも之を曲げないで常

に一貫して統一を保つといふことは、やがて教員をして共働せしむるに必要なる基礎となるものである。然るに兒童に對する時、教師に對する時、父兄に對する時、上司又は監督者に對する時と、それ〴〵言ふことや採る態度の異るものは此の原則に合せざるものである。

若し校長に或は其の時々の感情に支配され、少しでも教員を道具視したり、器械視するが如き態度があつたなら、到底共働を受くる見込は無いものと覺悟しなければならぬ。教員の感情を玩ぶといふ態度も、亦公正を缺くものであつて、到底共働を要求するには足らない惡傾向といはなければならぬ。

忠實とか**信用**とか**信賴**とか**懇切**とか**同情**とかいふ諸性質は實に校長をして教員の共働を受けしむるに足るものである。此等の諸性質は教員をばそれ〴〵固有の目的と欲望とを有するものと認めるに至るものであり、之を急に變更することの不可能を認め、若し之を變更せしめんとすれば非常なる混雜、不滿、憤懣等を起し、校長たる人に反情を有つに至るものである。從つて共働は有効に行はれないことゝなるのである。されば盲目的の服從を強ひたり、自分の思ふ

通りに凡てをやらなければ承知しないといふ風の態度を採つたり、一定の型の通りに仕事をやらなければ滿足しないといふ樣な校長は、敎員から有効なる共働を受けることは不可能であることを覺悟しなければならぬ。

校長は此の事實をよく心に留めなければならぬ。分析して最後に至れば、要するに敎員の團體を校長の眞の統制の下に置くと云ふ事が、共働の最後の基礎であるといふべきである。此の基礎が出來ないか、若し出來たとしても之を傷つけるか或は破るといふことは、校長の立脚地を全然失ふ事であつて、若し此の基礎が無ければ所謂砂上に樓閣を築かんとするものである。敎員も人間である、普通平均の人間と同等の智能を有する人間である。人間である以上は、他の人間と同樣にその欲望を達成させること、禁止させることに對しては他の人間と同一の法則によつて律せられるべき傾向を有するものであることを忘れてはならぬ。

最後に校長が敎師の共働者であるといふことは、其の關係から言へば上と下との關係でなく、同列の關係である。同列の上に立つて共通の目的の爲に、人

格的に結合されることを指すのである。校長といふ獨立した統率の意識を離れて同輩者であるといふ意識、即ち同輩感をもつた場合に眞の共働が行はれるのである。一面、同輩といふ感じに立つと、校長としての權威が失はれはしないかとの懸念もあるが、權威を振りまはすことは、前にも述べた如く共働を行ふ所以では無い。よろしく共働者としての校長らしき態度を以て敎員に臨み敎員の心服・信賴・信用を基礎とした共働を受くることを期すべきである。

之が爲には、校長は何れかの點に於て實力を有し、優越したる性質を有し、敎員が信賴するに足るものを有つてゐることが必要である。而して、敎員に對し親切にして、同輩感を有つて居れば、敎員の信賴は自ら增すものである。

校長は、又日々進步すべきである。若い敎員が生意氣であるとか、校長の知らないことを知つてゐるとかいふことは、屢〻聞くところである。而も敎員の有する思想に批判を下すことも出來ないといふ狀態では、信賴を持たせることはむづかしい。思想的のものでも讀んで居れば、直ぐ赤いと睨んだりするやうでは既に指導すらも出來ないのである。よし思想的にどうかと思ふ者を見ても、

校長としては批判的に指導するの實力と雅量とがなければならない。斯くの如く人に長たるものを持ち、教員をして正しき途を歩ましめ、その長所を充分に伸ばさせる力があつてこそ、眞の共働が行はれるのである。

三　統御者としての校長

以上指導者としての校長、共働者としての校長は、正しき校長觀の必須的要素である。而して正式に校長を吟味するならば、先づ此の二要素で正しき校長觀は完成したといひ得べきである。併し乍ら茲に第三の要素として統御者としての校長を述べなければならぬ所以のものは、その部下に有する教員は時としては、普通の大人の社會に存するが如き實例に洩れず、非社會的の人物を見出すことがあるからである。斯かる人物に遭遇することは、現實の學校經營に於て屢〻見受けることである。此の場合に校長は統御者としての要素を發揮しなければならぬ。統御とは一面には權力の發現であり、他面には人格の力によるけれ影響を指すものである。而もその根柢に立入つて見るならば、窮極のところは

その人格の力に俟つべきものである。

學校に於て統御を要する場合は、敎員が非社會的利己的の傾向を有し、而も校長に抵抗するといふ場合である。斯かる場合には指導は最早やその力の及ぶところでは無くして、外からの力を敎員に感ぜしめなくてはならぬ。而してその力は或は壓迫となり、或は抑制となる。何れにしても力の感によつて被統御者が止むを得ず全般的にその態度を改めて、統一ある活動を行ふ場合に吾人は統制若くは統御が行はれて居るといふのである。

斯かる意味の統御は、大人の社會に於て政治上の事變等に關しては屢〻見受けられるところである。反對、反感、爭議、鬪爭等の言葉を以て現はす現象は皆統御を受くべきものである。敎員も亦大人であり、敎員の團體も大人の作つて居る團體である限りに於て普通の大人の社會、大人の團體に見るが如き諸種の現象決して無しとはせぬのである。されば此の時に當り斷然校長としての機能を全うせんとならば、必ずや統御力を發揮しなければならぬ。之が校長と敎員との異るところであり、校長の校長たる所以であつて、若し斯かる必要に際

會しても尙且統御の力を發揮し得ないならば、乃ち校長はその鼎の輕重を問はれることゝなるのである。通俗に所謂校長は押しのきく人物でなければならぬとは卽ち此の間の消息を表はして居るものである。

四　自己活動者としての校長

校長は以上三種の性質を要することは旣に述べた所によつて明らかにした積りであるが、更に第四として自己活動の主體としての校長といふものを擧げなければならない。蓋し校長は對敎員對兒童の存在であるのみでは無くして、それ自身一個獨立の個人としての存在を認めなければならぬからである。卽ち指導者・共働者・統御者の立場に於て現はれる校長の活動を統一するものは卽ち自己活動（self-activity）を有する個人としての校長である。

(1)　目的に就て

自己活動者としての校長は、一般自己活動者と同樣に自己自身の目的を有しなければならぬ。

校長の有する目的は、敎員の有する目的と比較すれば、稍〻複雜なるものである。而も此の目的は、校長と雖も敎員と共同して居るもの一致して居るものである。校長の目的は、此の敎員の有する目的以外に、尙他の目的を含むものである。

先づ第一には現在の敎員が將來如何に進步改善したる敎員となるべきかに就いての目的を有しなくてはならぬ。即ち現在各個の敎員の性質・特徵等を明かに且十分に認識し、將來完全なる理想的敎師を、此の敎員より作り出さんとする爲の目的がなければ、校長として十分なる目的を有して居るとは言ひ得ない。

第二には校長自身と兒童とは現在如何なる關係にあるか、此の關係を將來如何なる方向に導くべきかに就いて明かなる意識を有することである。此點に關しても、校長は此の現在の關係に就いて、明かにして且十分なる認識を獲得し、以て將來に對する理想的目的を有すべきである。

第三には校長自身の目的を實現する方便について、その方便の實現に關する目的を定めて之を固く維持することが必要である。

第四には部下教員との共働に關する理想を有し之が實施に努力することがなくてはならぬ。

第五には全校の爲に定立したる道德的社會的標準を目標として、之に向つて全校を統一せんとする目的がなければならぬ。

要するに校長の目的は單に兒童を考慮の中に入れて置くだけでは不十分である。如何にすれば教員の指導の下に、より高き發展を兒童に實現し得るかに就いて明らかなる目標を有つて居なければならぬ。凡ての教員との共働に於て要求すべきことは、各教員の有する目的がそれぐ、數に於ても質に於ても異なるのであるが、如何にして此の各種の目的を調和するかといふことにあるのである。而して各教員に適したる方便物を用意してやることは校長の任務であり、同時に教員全體の間に、人間的關係を持續せしめることを、その目的としなければならぬ。

(2) 方便に就て

校長は自己活動者として如何に高尙なる目的を有して居つても、善美なる意

圖を有して居つても、適良なる方便なくしては到底その目的を達成することは出來ないのである。目的の理想的方面に關しては敎員と同樣の方法によつて實行することは出來るのであるが、實際的の方面に關して重要なる問題は(一)敎師の問題(二)校舍の問題(三)物資の問題等がある。

理想的目的の實現に關してはよく現狀を考へ、之に順應したる方便を攻究すべきであつて、其の學校の現在の境地について正しき觀念を有することが必要である。敎員に關しては、敎員と接近するが爲には如何にすべきか、如何なる扶助を與ふべきか、如何なる樣式でその扶助を與ふべきか、問題の點は何處にあるか等を明らかに又愼重に攻究して以て行動を開始すべきである。

(3) 情緒的衝動に就て

校長は、個人的感情を以て敎育的思慮や敎員との共働を左右してはならぬ。校長がその權力を以て全然個人的の理由により敎員を處分するが如き危險は、往々にして目擊する所である。何事も生徒・兒童の善の爲であり、生徒・兒童の努力に對する同情こそは校長を動かして諸種の活動を起さしむべき要素でなけれ

ばならぬ。

健全なる情緒の系統の爲に必要なるものは健全なる身體的基礎である。之が爲には時間的規律を守り、飲食の節制を守らなくてはならぬ。又身體の運動を十分にし、よき肉體の調子を維持する必要があるのである。不規則にして無責任なる行動は斯の如くして最少限度に制限せらるゝのである。

第三章　教師觀

凡そ教師は之を兩方面から觀ることが出來る。卽ち一方は人間的方面又は人格的方面で他は教育的方面である。先づ人間的·人格的方面から觀たる教師といふものを第一に研究して見よう。

第一節　人間としての教師

凡そ一人前の人は、人間として必ず其の自我を有するものである。教師も一人前の人間として觀たる時には必ず其の自我を有するものである。所謂自我とはウォリアム·ジェイムズ氏によれば、『その人が自分の物と呼ぶ事の出來る凡ての物の總和（トータルサム）である。』といふのである。單に其の人の身體や精神的の力を含むのみならず、其の人の衣服や住宅や妻や子供·土地·貯金の通帳·運動用具等を指すも

のであつて、凡て此等のものは其の人に凡て同一の感情を與へて居る。凡て此等のものが、多くなつたり繁昌したりすれば、人は大いに元氣よくなり、之に反して、凡て此等のものが減退すればそれだけ自我の幻滅を感ずるものである。而して、人間の自我を分析して見れば、物質的自我と精神的自我とに分れるのである。

一　物質的自我

教師の物質的自我とは卽ち擔任を命せられたる教室そのものゝ如きも其の中に入れてよい。又其の室內の物質的設備卽ち校具教具、並に圖書、裝飾、繪畫、彫刻等は皆之れに屬するのである。此等は教師の自我觀念を生ずる上に重要なる事項である。この物質的自我に對し相當の滿足を得る時——例へば教室の設備が完全に行はれた場合等に於て、物質的自我の滿足を得るものであり、其の教育的影響も大となり、仕事も出來る人となるのである。校長は、教師の自我を觀る時に此の點を考慮する必要がある。

二　精神的自我

次に敎師の精神的自我といふのは、物質的自我の外に敎師の自我を構成する精神的の要素である。此の要素をなすものは、先づ敎材が敎師に於て充分に會得せられて居り、それが敎師の人格に成つた點を稱するのである。それには敎材提示の方法の會得、指示・誘導・統御の有效なる方法を理解し熟練を有し、兒童に同情し、兒童を愛すること、一般の人間としても相當に廣き修養の出來て居ること等である。

以上兩種の自我構成の要素は、敎師の自己活動の結果、自己努力の結果によることが多い。而して此の兩者は互に强固なる結合をなして一個の個體(インディヴィジュアル)となり、その價値を發揮し他人も之を尊敬するに至るものである。相當の精神的自我に對して校長は先づ尊敬又は鑑賞(アップレシエート)の能力を有せなくてはならぬ。所謂人を觀るの明がなければならぬといふのは卽ち之の謂である。

三　人格

而して物質的自我と精神的自我の兩方面が互に結合したゞけでは、未だ人格と稱することは出來ない。更にそれにつけ加へて社會的結合の觀念、社會的共働の觀念――即ち社會的機構――がなくては人格といふことは出來ないのである。換言すれば物質的自我も精神的自我もそれが其の人に屬して居るだけでなしに社會の他人の爲に使用されなければならぬ。即ち社會的交渉を有たなくてはならぬのである。之があつて始めて敎師は人格となることが出來、校長も敎師を人格として取扱ふことが出來るといふものである。今日の中等學校等には單に精神的自我だけの敎師が多くて物質的自我殊に敎室とか設備とかいふものには無頓着であり、社會的交渉の如きは更にない敎師の多いことを認めなければならぬ。如何に高尙なる學術を有して居つてもその人が非社會的であるならば、それは人格ではなく所謂寶の持ち腐れであり、學校の敎師としては何の役にも立たないものである。

然らば學校に於て社會的機構の重要なるものは何であるかといふと、同僚間の交渉である。共の同僚の相互の間にあつて、社會的分子として働くといふ點にある。例へば同一の學年の受持教員が四人あれば、四人が互に共働し、四人の中の一人々々がそれぐ\社會的分子を構成してゐるのである。同一の學年の四人はそれで一つのグループを爲し、更に一年と二年の教師とはお互に又一つのグループをなす、かゝる結び付き、卽ち結合が最も必要で、共の結び付きの一要素をば、之れをSociusと稱する。卽ち人はソシウスとなつて始めて人格となり得るのである。一年生受持の何の誰といふ教師が人格を有するといふのには、一年受持が四人あればその四人の關係が丁度水が水素と酸素とによつて成つてゐるやうに、お互にその分子であるといふ關聯がありその感じを持つことである。言ひ換へれば、一年受持の四學級の先生と先生との相互交渉があり、而して一年生の教師と二年生の教師との間にも結合が行はれ、共通の目的に向つて共働する社會生活を構成する。斯くの如くなれば、兒童の與へられる知識はいゝるほひがある知識となり、人間らしき人間味のある知識を兒童は獲得する

ことゝなる。かくて、若し一學年の學級全體が共同して學藝會を催すことがあり、更に進んで一學年と二學年とが合同して學藝會を催すといふことになれば一年の兒童と二年の兒童とが完全なる社會生活を營むことが出來るのである。

かくの如くして、學校全體が學校長も教師も社會の分子であるとの明瞭なる觀念を持つに至つた時に、校長も正しき校長となり、教師も教師らしき教師となつたといふことが出來るのであると思ふ。これを要するに、個體は人格となるが爲には社會的分子(ソシウス)とならなければならぬ。個人を人格にまで引上げることは個人その人の自己努力や自己活動によらなければならぬが、その個人が學校の一教員であつた時に校長は之をソシウスとするの努力を拂ひ、正しき教師としなくてはならぬといふ義務のあるものである。校長は之を自覺しなくてはならぬ。然らずんば學校は人間工場となつて了ふものである。

第二節　教育者としての教師

次に教師の第二の教育的方面について述べることゝする。我々はこれに就いて二つの方面を考へるのである。即ち教授者としての教師と教育者としての教師といふことである。

産業革命以前は、學校は知識・技能を授けるを目的としてゐたので、學校としても、教授者としての教師を要求してゐた。而して此の事は學校といふものゝある以上必ず認めらるべき要素である。然るに、産業革命以後の近代國民教育に於ては、單に知識・技能を與へるのみでなく、學校は兒童を教育する所、陶冶を行ふ場所となつた結果、此處に、教育者としての教師が要求せられるやうになつたのである。教育者としての教師はその主要活動として指導を行はなければならぬ。指導に於ては指導さるゝものゝ目的を理會し、之を尊重し、被指導者が自ら自己を反省し、自ら自己に對して忠實に活動するやうに導くべきである。眞の指導とは、指導を受ける人が、豫め何等かの自己活動をしてゐなくてはならないのである。凡そ近代の學校生活に於ては、兒童をして目的活動をさせてその目的活動の指導者たる任務を全うすべきが教師の任務である。

之を要するに、教師を教育者として觀た場合には、二つの要求を有するものである。卽ち教授者としての教師並に指導者としての教師之である。此の兩方面は教師も校長も意識的に互に相刺戟し合つて共に進んで行くべきである。

第三節　特徴ある教師

校長の接觸する多くの教師の中には、それ〴〵特徴のある教師を認めるものである。次に、校長の取扱ふべき特徴のある教師のタイプについて考察して見たい。教師と校長とは相關的であるが、校長から見た教師のタイプに就いて具體的に實際的に考へると特徴ある教師の三種類を見出すことが出來ると思ふ。

一　能率の上らない教師

第一のタイプとしては、積極的發動的の教師ではあるが、能率が上らないものを擧げなければならない。これは校長として考へなければならない問題であ

る。此の種の敎師は、身體も丈夫で、仲々元氣があつて、實に風采も堂々たるものである。個人としても立派なものである。而して實力も人を壓する位で、見識もある。併し乍ら、さて敎育の能率はといふと、どうも思ふやうに上つて來ない非能率的の敎師である。これは多く若い敎師の中に見る所である。若い敎師は動もすれば衝動的で、新しいことを好んで追求する、自己主張も强く、自己の積極的の計畫に對し干渉を受けることを好まない。從つて忍耐我慢するといふことがない、かういふのが第一種のタイプである。

凡そ仕事の成功は、その活動に於て系統的に秩序的に進むことが必要であるが、此の種の人は、熱心ではあるが系統的でない、一段々々と積んで行き一階一階と昇つて行くことの出來ないのが缺陷である。又、自分が長所を持つてゐるといふ感じを持ち、人間力の强いのが特徵で、敎師としての仕事がどうであらうと自ら見識があるといふ意識で滿足して居り、それを認められると滿足を表するものである。謂はゞ頭の人であつて手の人でないのである。

此の種の人は、一つの問題に執着して、その一定の興味を追究して行ふこと

が出來ない。性急の性質である。之に對して校長は、どうしたらよいか。其の教師の自己辯明や自己主張を餘り問題にし過ぎると、却つてそれを統率することが出來ない。又、此の種の人に對し自分の位置がどういふものかを覺らしめんとして『君は實力を持つてゐるが成績が上らないではないか』と强ひて自覺させようとする態度も餘り效果はないのである。

止むを得なければ、命令を濫發し、官僚的の態度で對する方法もあるが、これは積極的の人に對しては、强い抵抗を受けるのみで效果は上らない。

校長の態度は、敎授及び訓練につき、普通の敎師と同樣に共働者としての考で進むことが適當である。敎授訓練に於て暫らく共働してゐる間に、適當な具體的の問題をその敎師に自ら選擇させるやうにする。或は、某々の學科の方面から、子供の成績を擧げるにはどうしたらよいか、その結果に於ては敎師と校長とが共に共働して效果を見て行く。而して自ら改良の方針を計畫的に工夫するやうに指導し、若し結果がよく行かず、目的の達成が出來なければ、適宜之を誘導して服從させるだけの力が校長に必要である。

要するに、此の第一種のタイプの教師は、命令・非難といふことに代へるに、親切・共働といふ明るい正しい指導を與へることが必要なことである。

二　感情的の教師

次には、感情的の教師であるが、此の種の教師は極めて偏頗に陷り易い。好き嫌ひ、氣に入る氣に入らないといふ觀念が著しく明瞭に發達した教師である。感情が頭を支配してゐるタイプの教師で、多くは女教師又は女性的教師に見出すタイプである。

かういふ教師には明示を與へることが必要である。事が合理的であるといふことがわかつてゐながら、强ひて反對する癖がある。かういふものを適當に取扱ふことは非常に困難である。これに對しては、大勢の力を以て會議をする、問題を論義させる、そして、凡ては具體的事實に依據して順序正しく冷靜に考へるやうに指導すべきである。

又かういふ人は、凡て感情でやつて來るから指導するにも極めて親切にする

ことが必要である。よし少し位過誤があつても之を許し、小さいことには讓步を示し、承認をしてやるだけの寛容さを有さなくてはならぬ。そして其の敎師の長所を認め、之を生かすことに努力し、全體を通じて正しき指導を與へる。校長が自ら冷靜に合理的に共働を續けて居れば、自ら共の敎師も力を協せて來るであらう。從つて有效なる活動を行ふ敎師にすることが出來るのである。

三　自我に强き敎師

次には、自己の權利だけを主張し、自己防衛に熱心なタイプの敎師である。自分に對する批評がありさうになると先づ自分から先に立ち廻るといふ、所謂立ち廻りの早い敎師で、職員室でも元氣があつて、話も旨い、身振りもよい、しかしこれ又感情的のものと共通の缺陷のある權利的の敎師である。

かういふものに對して校長の陷り易いのは、かゝる敎師におどされて了ふといふことである。若い校長、經驗の少い校長は、往々にして斯かる敎師に引き廻され易いが、校長は決しておどかされるべきものではなく、校長は敎師の剛

情我慢、我儘なる行動に對して正當の理由のない限りは、毅然たる態度を持することが必要である。

斯かる敎師には同輩的の態度を示すことが必要である。共働してやらうといふ點に努力し、言葉の上の論爭は避けなくてはならない。抽象的の議論を避けて、實際的具體的のことを論議する。例へばある兒童の算術の成績がどうとか、國語がどうとか、と云ふやうに事實の上から考へ、和かに親切によりよき方へ導き入れるやうにすべきである。斯くすることが統率する上に於て必要なことである。何處までも校長は誠意を示し、個人指導をやつて、效果を上ぐべきで、さういふ態度に出なければ、馬鹿にされるものである。

四　消極的の敎師

消極的の敎師は一般に身心が弱い方である。動もすれば力が足りない、弱い敎師、役にたゝない敎師である。これ又よくある型であつて、これにもいろいろの種類がある。

しかし、多くは神經の遲緩したタイプである。所謂神經が鈍く、一般にいふ呑氣もの、氣のよいもの、人のよい柔和な溫和しい敎師に多く、仕事に於てもとりえがない人である。敎育上、よいことがあつても、惡いことがあつても、大體に於て『結構です』といつて、强い意見がない無頓着などちらでもよいといふ人である。その根源は何かといふと、神經が緩漫で弱いといふ所にある。從つてその敎師は、兒童を訓練して立派なものにしようといふ意氣込もなければ努力もしない。仕事に對しても熱がない。效果も上らないのは當然であるといふ狀態である。

さういふ敎師に對しては、標準を與へることが必要である。其の人の仕事の計畫を立てさせ、ノートにでも計畫を記入させて、計畫通り行つたか、どの程度迄效果が現はれたかを時々聞いて見る、一學期間、一年分を通觀して見る、といふやうに絕えざる指導が必要である。

殊に必要なことは、個人的に實例を以て指導することで、凡てその個人に訴へ、個人的に相談に應じることが肝要である。例へば『君のあの兒童は近頃ど

うかね……』といふやうに、親切にその教師の受持の兒童に就いて考へてやることである。

五　標準以下の教師

これは行らうといふ意志はあるが、能率が標準にまで上らない。かゝる教師も困つたものである。この種の敎師は、徒らに杞憂したり心配したりして、少しも自信がない、臆病であるといふのが主なる性質の特徴で、又全體としてのバランスも取れてゐない。平均を得てゐない、同時にキチンとしたといふ所がなく、どうもだらしがない。これはよくあるタイプである。之に對して校長は、同情と親愛とを以てすべきである。このタイプの人は自分より目上の人が自分の缺點を探して居りはしないか、過誤を發見しようとして居るのではあるまいかといふ恐怖觀念を懷き、疑ひの眼を有つてゐるものであるから、此の點に考慮を拂ふ必要がある。

校長としては、部下の缺陷を搜すといふ惡い方面を見てゐるやうでは、能率

は上るものではない。校長たるものは同情を持ち、友愛の情を以て教師に接し教師を信任し信頼する態度を有し、創始性を充分に發揮させるのが能率增進の唯一の道である。

要するに、かゝる弱い教師には、校長は他人殊に部下の教師に疑ひの眼を以て接しない態度が必要で、其の教師に信頼されることが大切である。

尙斯かる教師は校長より材料を與へ、同意を求めるやうに努めて、校長の力で補つてやることも有效である。そして益〻校長の同情を理解させるやうに努める。よし少し位の過失はあつても見のがしてやることも時には必要である。斯くすることが弱い教師をして能率を擧げしめる所以である。

六　不精冷淡の教師

餘りよくない方で、不精者、冷淡者、力が入つてゐないもの、ぐさもの、もの、ゝタイプである。教師のかゝる態度に出るのは、校長の態度にもよることがあるのである。例へば校長が總ての教員の創始性といふものを見ず、校長の權力で教師

の考は一事も採用せず、校長の思ひ通りの暴君的の態度であると、部下はよくかゝる態度になるものである。何代もかういふ官僚的の校長に使はれたものは全く創始性を磨滅してしまふものである。故に此の點に於て、校長はよく〳〵考へなくてはならない。學校の眞の成績を擧げるには、校長と職員との共働あり、教員の創始性を伸ばさせねばならぬと思ふ。

次に斯の種の教師の生ずる原因は、家庭に重大な事件を持つことがある。その故に一身上の心配の爲に、心がもぬけのからのやうになり力が入らない狀態になることもあるから、其の點も考慮してやることが必要である。

又、或教師は自分の背景には大政治家・大有力者がある、それ故一身上の心配は無用であるから安閑と奉職してゐるといふ如きものもある。屢〻人間の弱點としてかゝる場合に力が入らない。これまた困つたものである。中には、學校の事情がよろしくなく、仲間の爲に計られたとか、自分が陷し入れられたといふので力の入らないものもある。

校長たるものは、學校の仕事に對し、教師をして興味を持たせるやうにせね

ばならない。手近かなことから云へば、出來る限り、其の敎師の努力したことに承認を與へ、敎師の創始性を充分に重んじ、個人的に交渉する所がなくてはならない。そして、敎師の業績を適當の時に市町村なり縣なりの當局に報告して、參觀に來て貰ふといふやうな方法を取るのも一助である。

七 不從順の敎師

所謂不從順の敎師は最も警戒を要する敎師である。故森文部大臣は順良を以て敎師の資格の一つと數へた位である。不從順なる敎師に對しては、校長は何等かの處置をする前に校長自らも反省してよく考へねばならぬ。而して校長は不從順の敎師を生み出さない樣、平常から豫防する必要があるのである。

かゝる敎師に對しては、校長は不從順の原因を防ぐと同時に、若し表面から服從を拒まれた場合には、敎師としてよろしく自分のやつたことを反省させると共に、正式なる校長の權威によつて、斷乎とした考を披瀝することが肝要である。兎に角、かゝる敎師には、事を曖昧にせず明瞭を以てし、理窟を用ひず

親切を以てし、何處までも正々堂々と行くべきで、若し然らざれば遂には校長が輕蔑せられ無視されて威信を失墜するに至るものである。

第四節　敎師の權利

敎師は通例校長から仕事の分量と種類とを指定されて、その指定の下に働くものである。例へば毎週の敎授時數とか、某學級の某學科の敎授、又は學校の訓育の主任とかいふやうに種々の仕事を課せられる。又その校長との關係、校長に對して何を報告すべきか、如何なる細目に從つて敎授し何を研究すべきか、出勤、缺勤、遲刻等に關する規定等を承知して居なくてはならぬ。

併し乍ら組織が大きくなつたり歷史の長い學校に於ては往々にして正規の法令の命ずる以外のことも附け加へられて居ることも往々にして見受けるのである。若しそれが合法的の手續によらないものであり、校長の單なる思ひ付きであつた場合には敎師は法令上の敎師の權利を主張して之を訂正して貰ふことも

必要である。校長としても、教師の權利を擁護するの任務を考へなければならぬ。今、教師の性質に鑑みて教師の權利を究めて見よう。

一　物質的自我に對する權利

教師は自分の支配の下にある物質に關する權利は之を主張しなければならぬ。學級擔任であるならば先づ適當なる教室、机、腰掛、黑板其の他校具教具の必要なるものは之を正當に受け入れて、之を自己の統制の下に置くことを要するものである。併し乍ら、それが爲に他人の權利迄侵害する程過大の要求をしてはならぬ。他の教師の事も考へなければならぬ。されば、その程度はその學校全體として如何なる位置にあるかを知つた上でなければならぬ。その上で自己の要求を決定し、決定した上は之を主張することが必要である。

又既に出來たる施設、用具、材料等は適當なる方法によつて之を保護することを主張しなければならぬ。

二　精神的自我に對する權利

精神的自我とは自己の思想・感情と呼び得るもの丶凡ての關係を指すのである。此の精神的自我に對する權利は、高き道德的性質を有するものである。敎師の性質が熱心であり敏感であればある程、校長としては此の種の權利は特に尊重しなければならぬ。今個々の權利について述べて見よう。

先づ第一には、**名譽の權利**を尊重しなければならぬ。

校長は猥りに敎師やその擔任學級の事について他の敎師等に評判をしてはならぬ。他の敎師が評判をするものがあつても、之を愼重にすべきことを敎へ、之を放任して置いてはならぬ。

他の敎師の前で、ある敎師の批評をしたり、或學級に於て、他の學級の評判をしたり又はある學校へ行つてその學級のことにつき擔任敎師の居る前にて、又は居ない時に、彼是批評することなどは、最も臆病なこと丶謂はなければならぬ。

教師相互の間にて互に口論をしたり、互に過失を見付けたりすることも、教育者としては非職業的であると謂はなければならぬ。校長の關係する範圍内に於ては、校長の公務上の行動や批判は凡ての非公式の活動を指導しなければならぬ。

教師の名譽を維持し、又若し出來るならば、之を高めるが爲には、校長はホッブス氏の『他人の名譽に關する說』をよく玩味しなければならぬ。

今之を引用して參考の資料としたい。

一　人を稱讚し、快感を起さしめることは人の名譽を高めることとである。之に反し口汚く罵詈し、嘲弄し、憐れむ如き態度を採ることは、人を卑下するものである。

二　よく思慮して他人に話しかけ、他人の前にては行儀正しく行動することと、謙讓の德を守ることは他人を尊敬する所以である。即ち成るべく他人の感情を害せざる樣にするのである。他人に荒々しく話しかけたり、他人の前で亂暴をしたり、だらしなく、厚がましく行動することも他人

を尊敬せざる所以である。

三　他人を信用し之に信頼することは、他人を尊敬する所以である。之に反して不信用・不信任は卽ち名譽を損ずる所以である。

四　他人が相談を持ちかけて來た時によく之に耳を傾けることは卽ちその人の名譽を重んずる所以である。之に反し他人の面前にて居眠りをしたり、歩いたり、又は歩きながら話したりすることは他人に不名譽を與へるものである。

五　世間で一般に尊敬のしるしとして習慣的に考へて居ることや、その人が名譽と考へて居ることを他人に對して行ふことは、之に名譽を與へることゝなる。從つて斯かることを敢てしない時には名譽を損することゝなる。

六　其の人と意見の一致を來す時は名譽を與へることゝなる。之に反して異論を唱へることは名譽を傷つけることゝなる。又過誤を咎め立てることも名譽心を傷つけることである。

七　模倣することも名譽心を滿足させることゝなる。その敵を模倣することは名譽心を害するものである。

八　他人の尊敬するものを自分も尊敬することは、其の人を尊敬することとなる。蓋し其の人の判斷を稱讃することになるからである。人の敵を尊敬することはその人の名譽心を害することゝなる。

九　他人に相談をし、相談に乘つて貰ふことは名譽心を刺戟することである。又困難な仕事に參加して貰ふことも同樣である。その人の智能に信賴を示すことになるからである。之に反して何か參加したい事に參加を許さないことは名譽心を傷つけ、其の心をヒガマせることゝなるのである。

第二に**言論上の權利**及び**行動上の權利**を認めなければならぬ。

敎師は校長のところへ行つて現存の事情を躊躇することなく陳述するの勇氣がなければならぬ。併し乍ら、其の事情が敎師の個人的事情に關係がある時は勿論、全體としての學校に影響を與へるものである時にも、多少その表現法に

注意し之を制限する方がよいと思ふ。卽ち多少の遠慮を以て隱かに意見の發表する樣に注意するのが宜しい。自由に言論することは當然の權利であるけれども、若しも、校長と自分との間に意見の相違のある時には殊に禮儀を重んじて意見を發表すべきである。然らずんば普通の校長ならば喜んで耳を傾けることを躊躇するであらう。

行動に關しては、正課外の時間には教師は教育に關係のない如何なることを爲すのも自由であるといふべきである。勿論教育と衝突することでないことを必要とするのであるが。併し乍ら學校內に於て、又學校の時間內に於ては言論の自由、行動の自由は凡て教育的必要といふことによつて制限せらるべきであつて、決して絕對的の自由ではないことを覺悟しなければならぬ。

第三には**校長の共働を受くるの權利**を認めなければならぬ。教師は特に援助を必要としない場合に於ても、校長が間接に教師を援助して居ることを期待して然るべきである。換言すれば、校長は如何なる場合にも、常に間接的共働をして居らなければならぬものである。

然るに往々にして、校長は特に重大なる場合に臨んでのみ教師を援助すれば、それで任務終れりと考へて居るのである。之は大なる誤である。殊に、平常に於て教師は教育の方法、教育の研究、參考書等に就いては、校長の暗示・指示を得んことに努むべきである。

第四には**法令上に認められたる特權**は決して校長の氣分によつて放擲せられてはならぬといふことである。例へば、他學校を視察することを命ぜられたとすれば、之に關したる法令上の權利は何處までも主張するが如きは其の一例である。

三　社會的自我に對する權利

凡そ教師は**學校**の教師となつたからといつて、人間としての**性質**を失つたものと**心得**べきではない。されば一個の人間(manhood)として學校外に於て受くる儀禮は學校内に於ても**當然**受くべき權利があるのである。即ち社會的自我に對する權利である。今その主なるものを列擧すれば、次の如く四に分たれるので

ある。

(1)　人格的考慮

校長は一學校の首腦としては、敎師よりも優秀なる地位にあるものであるけれども、一個の紳士として、人間對人間として考へた時には平等のものである。人格としては、平等であることを認めなければならぬ。敎師を威嚇する爲に校長の特有なる權能若くは方法によつて敎師の敎育的の判斷をするが如き校長は賤むべき下等なる校長である。

(2)　社會的認識

敎師は敎育以外の仕事に於ても、校長が自分竝に自分の仕事と密接に交涉して居ることを期待すべきである。校長は又社會の一人として、敎師に對して敎育以外の事に就いてもよく世話を見てやることが最も必要なことであると考へるのである。

校長は敎師の業績をば、冷かに抽象的に批判するのみならず、人間的關係を以て敎師の努力を認めてやり、之に同情を表することがなければ、社會的認識

を與へたことにはならないのである。

校長は屢〻敎師の業績に對し、當り前であるといふ樣な感じを以て、冷靜なる滿足を表するに止まるが如きことは、甚だ非社會的の行爲であると謂はなければならぬ。

(3) **自由討議**

學校内に於ける各種の會議に於ては、自由討議の權利は之を認めなければならぬ。若し敎員數の多き爲に自由討議の許されざる場合には、數を制限して小さきグループの會合を催して討議を盡さしむるが宜しい。而して此等の諸會合に於て、校長はその能率を擧げんと欲したならば、餘り喋らない方が宜しいものである。

(4) **自由聯合**

自由討議の權利と密接に關係したものとして自由聯合の權利がある。例へば敎育改良の爲に又は社會的目的の爲に、敎師同志が互に同一目的の爲に聯合することは、之を敎師の權利として認むべきであらう。小さき室を設けて會合を

催したり、何か時々餘興的のことを演じたり、共に食事を採つたりして、小使などゝ全く離れて他の干渉をも受けずに會合する自由も認むべきである。併し乍ら固定的の黨派的・孤立的の小團の發生せざる樣注意することは誠に必要なことである。

第五節　教師の義務

教師は權利の所有者としてのみ考へられてはならぬ。單に權利のみを主張する教師は一方に偏したる教師である。權利のあるところ又自ら義務がある筈である。然らば、教師は義務を盡くさなければならぬ。

抑も義務とは爲すべき事柄を指すのであつて、外部的の强制によるものと内部的の要求によるものとがある。正義が爲されずに殘されて居る場合に、吾人は一種の不安、不滿、困惑といふものを感ずるのである。又不正なりと思ふことをやらなければならぬ時も同樣の感じを持つものである。外部的の强制は結

晶して法規となつて表はれて居る。此の場合には『なすべき』の概念は『なさざるべからず』の概念を以て附加せられ補充されるのである。即ちその要求は内面より内面及び外面になつたのである。普通の人にあつては『なすべき』こと〻『なさざるべからざる』こと〻は一致するのみならず、多くは『なすべき』事柄は『なさざるべからざる』事柄の範圍を遙に超越するのみならず、先に立つて行くものである。

されば人間の行動が倫理的なるが爲には、

(1) 行動の可能なる境地のあること

(2) 内面的要求のあること

(3) 目的が正義なりと判斷されること

(4) 現狀と目的との間隙を適當の方法によりて調整すること

の四要素を必要とするのである。されば敎師として最高の倫理的行動を行ひ義務を果さんが爲には、單に道具としての任務を果し機械化して居つたゞけでは駄目である。高尚に發達したる品性の目的が無く、人間の行動の何物なるか

に通曉して居ないならば、到底義務を果すことは出來ないのである。要するに、自己活動の無いところには倫理的行動は無く、從て義務の遂行は無いのである。次に義務の種類を擧げて見よう。

一　法規上の義務

敎育に關する法規、學校の規程等は、卽ち敎師の權利義務を明かに規定してあるのである。されば敎師は就職に先だつて先づ此の法規上の義務をよく研究し、常に之に違背せず、完全にその義務を遂行することに努力すべきである。

二　校長に對する義務

校長は學校に於ける首腦者であつて、學校の全責任は校長の双肩に懸つて居るものであることを先づ記憶しなければならぬ。されば敎師はその義務についで次の數項を心得て置く必要がある。

(1) 絕對的服從

校長の與へる指令には嚴格に服從しなくてはならぬ。假令指令が誤つて居つても、兒童に害を與へるものであつても、道德の標準の低きものでも、必ずその指令である以上は之に從はなければならぬ。校長が指令を出す以上、その指令が實行されて起る事柄に關しては、校長が全責任を負ふものである。反對や抗議を出すことは宜しい。併し乍ら指令が出た以上は之に從はなければならぬ。

(2) 校長との共働

敎師は學校の善の爲に働かなくてはならぬ。校長の威信と力とを增す爲に働かなくてはならぬ。それがやがて又反映して敎師自身の威信の增加となり、力の增加となるものである。敎師は自分の敎室の中に立籠つて敎授をし、敎授が終れば直に歸宅するといふことであつてはならぬ。之は日本の中等學校などでよく見受ける傾向である。授業が終つたならば殘りの勤務の時間を以て校長と共働の爲に最善を盡くさなくてはならぬ。例へば競技、學校の行事、敎室の裝飾、運動、遠足、音樂會、茶話會、諸種の俱樂部等凡て此等の活動は學校の評

判を高める上に必要なる活動である。此等の活動を教師自ら行はなければならぬといふのでは無いが、一人の教師として分擔すべきことは必ず分擔しなければならぬ。

(3) **人格的考慮**

教師は校長に對し親切なる取扱を要求するのであるから、自ら得んと欲せば、その代りに自ら親切なる取扱を爲さなくてはならぬ。先づ校長を親切に取扱ふことが必要である。之に就いては先に述べたるホッブス氏の指示事項に從はなくてはならぬ。

(4) **寛容**

特に强調しなければならぬ義務は寛容の義務である。殊に若い教師は此の義務に注意しなければならぬ。教師は餘り速斷をしたり輕率・急激なる行動を爲すことなく、苟も一つの行動を爲す場合には、先づ校長と雖も人間であり過誤なきを保證し難いといふことを考へなければならぬ。校長の行ふ行動の大多數が惡いかどうかゞ重大問題であつて、校長が惡いか否かといふ概括的のことを問

題としてはならぬ。又第二には校長は多數の敎員を取扱はなくてはならぬ事情にあるといふこと、而して此の多數の敎員と兒童の保護者・兩親並に上司の人々との三つの間を適當に調和させて行かなくてはならぬ立場にあることを諒察してやるだけの餘裕を有たなくてはならぬ。第三には校長と敎員等とは年齡に於ても氣質に於ても差異のあるものであることを認めてやることも必要であり、消化不良とか外部よりの壓迫とかいふものゝ障害のあることも可能であることを認め之に同情を表し寬大なる態度を以て臨むべきである。

又校長に不當と認むる行動があつたならば、之に對して何等かの行動を採らんとする時には、先づ之に先だつて二三日間待つて冷靜にその事件を考察して見ることが必要である。かくすることによつて、始めて校長とその事件に就いて討議することの出來る地位にあるといふことが出來る。討議の場合には決して寬容を德としてはならぬ。何處までも正義を以て戰ふべきである。

(5) **忠實**

校長の指示には忠實に從つて之を實行すること、校長に提出する報告は正確

なること、消耗品・材料・統計等計算の精確嚴密なること等は殆ど器械的でなくてはならぬ。

三　自己に對する義務

敎師は又自己に對しても若干の義務を果さなくてはならぬ。今その主なるものを列擧すれば次の如くである。

(1) 物質的自我に對する義務

敎師は自己の關する事務、その會計・計算に就いては、嚴密精確でなくてはならぬ。單に消耗品のみならず機具・敎具等についても數量的精確を守り保管の責に任じなくてはならぬ。殊に學級擔任としてはその敎室の設備に就いて十分の責任を負はなくてはならぬ。

(2) 精神的自我に對する義務

敎師が敎育の目的を改善したり擴張したり、敎育の方法を改善したり的確にすること等は皆その精神的自我の力によらなければならぬのである。此の目的

の爲に必要なるものを列擧すれば次の如くである。
(1) 心理學・生理學・倫理學・社會學・經濟學・敎育及び敎育者の歷史。
(2) 常に現代の政治學・社會學・經濟學と緊密なる接觸を保つこと。
(3) 學術講演殊に大學的講習に出席すること。
(4) 水泳・戸外運動・散步・體操等を怠らざること。
(5) 自國及び外國の古典を讀むこと。模式的小說、著名なる劇、詩の傑作等は必ず研究すること。
(6) 附近の都市を旅行すること。他の學校を參觀すること。特殊の學級敎室の實際を視察すること。
(7) 衞生・換氣・學校經營・學級經營等に關する知識を獲得すること。
(8) 一般的敎授法、各科敎授法の著書を利用すること。
(9) 敎授する敎科目に就て標準著作を參考として研究すること。
(10) 美術工作等の一二に於ける道具や材料の實際的使用法の練習。
(11) 自校内及び他校の敎師と成績に關する比較をすること。

(12)　兒童の仲間になり兒童と共に生活すること。

(13)　敎師自身の趣味興味に合するものは何なりとも之に參加して仲間になること。

以上は一度に皆實行出來るものでは無い。少しづつでもよいから毎日やつて行くことによつて大を成さなくてはならぬ。敎師殊に小學校の敎師は何處の國でも研究心旺盛であつて、よく以上列擧の方面のことには從事して居るのであるが、而もその成績は必ずしも高くは無い。之は方法が宜しきを得ないのではあるまいか。

(3)　**社會的自我に對する義務**

敎師は放課後に於てその同僚と或は會合又はクラブ式のもの又は訪問等によつて相互に密接に接觸することが必要である。又敎育以外の專門の人々例へば宗敎家・政治家・實業家・軍人等と接觸を保つことが必要である。

その學校の兒童と接觸することは最も必要である。之によつて敎師はその性格を柔かにし、兒童の要求や兒童の難問題に關して直覺力を養ふことゝなるの

である。

第六節　校長の權利

一　公式の義務

校長は凡ての公刊物記錄等をよく研究してその校長としての權威を不當に擴張しないやうに努めなければならぬ。校長の法規上の權利を明確にして之を部下敎員に示すならば、部下敎員も適從するところを明らかにして大いに仕合せである。かくすれば、諸種の命令の責任を上級の行政官廳に歸することも明らかになつて、校長敎員相互の理解を得られるであらう。又校長と校長の公の義務との間に舊式の學校の遣り方も無くなり、校長自身の其の時々の校長の氣分によつて左右せらるゝことも無くなるであらう。

二　敎員に對する義務

(1) 物質的自我に對する義務

校長は書籍、物資等の分配を公平にしなければならぬ。ある教員はよく勤務するからといふが如き理由で供給を加減したり、自己の氣に入つた教員、氣に入らない教員等によつて差別をつけるのもよくない。有能・無能・善良・不良等に頓着なく、凡てに公平に同一に考慮を拂はなければならぬ。若し特別に考慮を拂はなければならぬ教員があるとすれば、それは寧ろ何事にも控へ目であるが而も有效なる働をして居り、餘り物をも言はず、要求もせずに實行して居る樣な教員である。此の種の教員に對しては、餘り騷ぎ立てたり要求をしたりする教員と對比してよく公平を失はない樣に考慮をしなければならぬ。又校長は物資の供給等については、各教員の擔當して居る仕事、學級そのものゝ要求を考慮し、決してその人それ自身に對する心持よりするが如きことがあつてはならない。

(2) 精神的自我に對する義務

校長は教員の研究殊に學校以外に於ける研究を奬勵し、又認めてやらなければ

ばならぬ。定期の教育會議や研究會等を開設することも必要である。又校長は屢〻研究報告會の如きものを開催し、教員と共に教員の報告を聽くといふこともあつて然るべきである。

讀書室・書籍其の他の諸便宜はよく整備して置き教員の研究に便ならしめなければならぬ。

(3) 社會的自我に對する義務

校長の權能によつて行ふことは、それが權限であるからといふのみであつてはならぬ。人間的關係に於て爲されなければならぬ。從つて、凡ての教師に對しては人間的取扱・親切なる取扱を要するのであつて、凡てを權柄づくでやる校長は教員の社會的自我を認めないものであるといふべきである。之に反し、よし校長の權限を餘り振り廻すことを敢てしないけれども、よく教員が働いて一致協同して居るといふが如き學校に於ては、校長は人間として教員の社會的自我を認め、之に對する義務の念が强い時に斯かる現象を見出すことが甚だ多いことを認めるものである。斯かる校長は教員の美醜・能不能・好不好等に關係なく、

よく教員をば凡て親切且人間的に取扱ふものである。

親切といふことも決して便宜主義の親切では無い。恰も給仕人の如き親切では無い。よく如何なる事情に於ても他人に同情し得る心が人間らしき心であつて、やがて多数の教員より信頼を受くる所以である。教員の居ないところでその噂をしたり、非難したり、當てこすりをしたり、侮辱的に見たり、蔑視なりすること等は皆最も不適當なる行動である。

校長は寧ろ進んで積極的に教師の爲したる善い仕事を探し出す様の態度を採り、之を認識してやることに努めなければならぬ。教師は、屢〻自分の仕事を吹聽したりすることを躊躇し、從つて校長にも氣付かれずに濟んで仕舞ふことのあることを忘れてはならぬ。

前にも述べた通り自由にして公平な討論が何時も許容せられなければならぬ。校長側に正義の存する時には如何に自由討論をやつても何等校長に害を與へるものでは無い。校長が若しも部下の教員の無知に付け込んで、その地位や特權を維持しようとするならば、それは、自由討論をさせてはならぬことは勿論で

である。

一般に校長が教員を取扱ふに當つては、その言葉に於ても行動に於ても、寛大であり終始一貫して情深くなくてはならない。教員達が社交的に種々の集團的會合をやつても之を疑つてはならぬ。個々の教員が些細なる過誤を爲したとしても、それは見逭してやるがよい。殊にその教員が一般に普通の成績を擧げて居る場合には猶更である。校長の感情を害した教員の行動を何時迄も覺えて居るといふが如きは、校長の態度では無い。

教員の個人的の性質の差異があるとしても、それが爲に校長の公務上の行動に變化や差別があつてはならぬ。教員は少くとも三四十人、多ければ七八十人の學級をよく經營して行く上には相當に多くの困難と戰はなければならぬ。さればば校長の意見と一致しない様な行動があつても、それは如何なる教員にも有り勝ちなことであると考へなければならぬ。斯かる場合には、兒童の爲に不利の無い限りは、而して公務上に於ても餘り大した事件でない限りに於ては、その過誤は見逭してやるがよいのである。

併し乍ら重要の事項であつて、書き物にして指示を與へるが如き事柄や、會議に於て決議した事項等については、校長は何處までもその貫徹を主張しなければならぬ。

餘り細かい規則を作つたり、細かい指示を印刷にしたりして居ることは、校長の無能を現すことゝもなるものである。

公正を實地に於て保つことは、中々困難なものである。併し乍ら之に出來るだけ近よる様にすることは可能であり努力すべきである。

官廳の要求をば精確に研究し、事實を公平に評價し、事實的材料を常によく注意して蒐集して置き、個人的の感情、情緒的偏向をばなるべく捨てること等は校長として多人數の上に立つ人として最も必要である。

斯かる校長に對しては、教員は常に能率の高き共働的人間的活動者とならなければならぬ。而も所謂能率とは兒童の善の爲の能率であることは言ふまでも無いことである。

三　校長自身に對する義務

(1) 物質的自我に對する義務

校舍・設備・物資及びその供給凡て此等のものは校長の物質的自我の一部と考へてよいのである。物質を取扱ふことは自己の私物を取扱ふが如く大切に取扱ふを要する。

(2) 精神的自我に對する義務

校長は、校長になつたからと云つてその勤勞を捨てゝ仕舞ひ休止を欲するが如きことがあつてはならぬ。常に自己の進步改善に對する努力を續けなければならぬ。過去の經驗だけに依賴して之で生活を維持して居ることに滿足してはならぬ。研究や調査、旅行や訪問、參觀、實驗等によりて今自己の責任として居る兒童等の爲に如何なることが最善であるかを攻究すべきである。又部下の敎員を改善する爲に援助する爲に最も適當なることが何であるかを攻究しなければならぬ。

單に精神的にのみでなく、生理的にも良好なる條件に自己を置くべく努力しなければならぬ。校長は必ずしも運動家たるを要しない。併し乍ら或種の運動練習を爲すことは必要である。散歩でも戸外遊戯でもよい。飲酒・喫煙は學校の執務時間中は禁ずべきである。判斷の健全を期する上からも、感情に激することを防止する上からも、一定の身體的の强さは是非とも有して居なければならぬ。

(3) 社會的自我に對する義務

世間からも認められて居る學校の代表者として、校長は現在の社會の事情、經濟事情、政治事情等に常に觸れて居ることが必要である。世上の事件を明瞭に解釋し正しく評價するが爲に廣き基礎を有しなければ、その判斷も決定も偏狹なものとなるのである。

社會の會合に出席すること、集會に出席すること、學術研究會に參加すること、教育界以外の他の多くの社會との人々と接觸すること、多少は兒童の活動にも參與すること、凡て此等の事項は校長をして人間性を帶ばしめることであ

り、頑固を防ぎ官僚的常規にばかり固まることを防ぐ上に必要なことである。

敎員と校長との關係の範圍とに於て常に心に留むべきことは、敎師が權利と共に義務を有すると同樣に、校長も亦權利と共に義務を有するといふことである。又學校の仕事に能率を上げる爲に必要なることは人間的基礎・社會的基礎が必要であること、學校の作業の各種の方面を、常に人間的に解釋し健全に鑑賞すること等も、校長として必要なる事項である。

第四章　兒童觀

既に述べた如く、校長が中心で敎員も兒童も校長の權威の下に立つてゐたのは過去の學校觀であつて、近代國民敎育思想に於ては、學校は一つの社會なりとの觀念となつた結果、校長·敎員といふ背景には、兒童といふ社會生活を爲してゐる大きな集團があることが考へられて來た。其の考に立ちかへつた時に兒童は正しき位置を認められることゝなるのである。而して、校長と兒童との關係は、一方には直接的であり、一方には間接的である。其の關係は既に圖によつて示してある通りである。此の直接間接の關係にある兒童の何物であるかを研究することは、學校·學級の何物であるかを研究することの基礎となるものである。

第一節　兒童は生活者である

近代教育思想は、兒童を生活者として見なければならなくなつた。今、生活者としての兒童について研究して見よう。

凡そ生活するといふのは、換言すれば、生命を維持・發展させるといふことである。兒童を生活者と見る場合は、生命を持ち、之を維持發展するといふことである。而して生命に就いて考へて見ると次の如き五つのものがある。

第一は生物的生命である。此の生命の維持發展の爲には、新陳代謝の作用が行はれなければならぬ。此の作用を適當にする爲には、兒童の衣・食・住の三つの問題を解決しなければならぬ。今日學校衞生の問題、敎授衞生の問題、學校給食の問題、敎室及び校舍の建築の問題等は、新しき社會事情と新しき科學の進歩と共に進歩して來て居るのである。而して兒童の個人としての及び團體としての生命の維持發展の爲の努力は益〻複雜を加へて來て居るのである。學校長は、全體としての兒童の生物的存在の爲に相當の考慮を拂はなければならぬ。

第二は心理的生命で、これは智・情・意の三方面について考へられるものである。學校生活に於ける心理的生活は、よく兒童の心理生活を體得し、その生活の特

徵に應じたる學校生活を營ましむることに努力しなければならぬ。人格敎育論者は、兒童を心情生活とした。藝術敎育論者は、兒童を空想と心情の持主と認めた。此の兩者は生活者としての兒童につき新しき方面を見出したものである。兒童の學校生活をして心理的に價値あらしむる爲には、學校は何を爲すべきかの問題は、未解決の懸案である。

第三としては、精神物理的生命を考へることが出來る。これは敎育の方面から見たならば重要なる生活である。作業敎育の立場からは、兒童の此の生活を重要視し、敎育的價値あるものと認めるのである。所謂作業敎育者としての兒童といふものは、此の生活を基礎として兒童を觀た時の兒童觀である。

所謂精神物理的生命の持主としての兒童は、卽ち自働裝置としての兒童である。校長は其の學校の兒童が自働裝置としての兒童であることを認めるならば、如何にして完全なる自働裝置としての活動を行はしむべきかに就いて敎員に考慮させなければならないであらう。それから學校の施設が割り出され定められなければならぬ。

第四は、人格的生命であつて、これは對人的生活である。他の人々に對して或統一的の活動をすれば、これは卽ち其の人は人格的生命を所有してゐる所のものと云つてよいのである。兒童が如何なる程度の人格的生命を有するかは、人々の說によつて異なる。只吾人はフーゴー・ガウティッヒ氏の所謂將來の人格者としての兒童の概念に大體に於て贊成するものである。兒童は人格の萠芽を有してゐるものである。之をして萎縮せしめず、眞にその萠芽を完全に生長し得る樣に擁護するのが學校敎育である。

第五は靈的生命である。人格的生命の對人的であるのに對し、絕對者に對する生活である。卽ち人間以上の神・佛に對する關係を認め、これに敬虔の念を以て對する生活である。此の生命は人格的生命が兒童にて萠芽の狀態で存在するとすれば、實に發芽の時代であるといふべきものである。併し乍ら、此の發芽は周圍の社會生活によつて培養せられ促進せられるものであるから、學校の一般的空氣に敬虔的の要素のあることは望ましいことである、斯かる空氣の學校生活を營みたるものは、靈的生活の發現時代に於ては健全なる宗敎心が發達す

るであらう。

以上私は試みに生活を五つの形式に分析して見たのであるが、兒童を生活者として觀た場合に、此の五つの生命の中、何れが最も兒童をして兒童らしくするものであるか、言ひ換へて見るならば、生活者としての兒童の特徴は何處に有するかといふ問題について考へて見る必要がある。既に各の生命の說明に於て述べた通り、兒童生活をして兒童生活たらしむるところのものは、必ずしも生物的生命ではない。兒童は生物的生活者である。而も之を大人に比すれば、その生活力に於て到底大人に比較することは出來ない程全體の力は弱い。尤も、大人と比較して特異なる點の存することは認めなければならぬ。即ち生命の維持と發展とにそのエネルギーを費すのである。大人は大體に於て維持の爲にのみそのエネルギーを費して居るといふことが出來る。

心理的生命に於ては、兒童は未熟であるが、大人は發展を遂げて居るともいふべく、兒童の未熟なる點は、即ち發達時代であることを示すものである。然るに精神物理的生命に至つては、實に兒童に於て、その特徴的生活を現はして

居るのである。心理學者は衝動的生活といふ。即ち外界の刺戟あれば、之に應じて何等かの反應をせずには居られないのが兒童の特徴である。外物を認めれば、之に働きかけずに居られないのが、兒童の兒童らしさである。斯くの如く、生活することによりて兒童はその生物的生命の發展も心理的生命の發展をも實現することが出來、やがて人格的生活や靈的生活にも這入り得るのであつて、實に此の生活こそ兒童生活の中樞である。之を正しく認めることによつて、我等は正しき兒童觀に到達することが出來るのである。作業教育思想は、實に此の精神物理的生活者としての兒童をして眞の精神物理的生活者たらしめんとする教育原理に立脚するものである。

蓋し、生活者には生活させよ、之によりて生活者を教育することが出來るとするのが吾々の主張である。玆に學校の生活の重視といふことが問題になる。而も生命の種類が五つに分れるとするならば、學校生活も五つに分析することが當然である。即ち學校に於ける生物學的生活、學校に於ける心理的生活、學校に於ける精神物理的生活、學校に於ける人格的生活、學校に於ける靈的生活

が之である。宗教學校は此の五つの全體を學校の全生活とするけれども、國民教育の學校は、靈的生活を除いたる他の四生活を營ましむるものである。兒童の生物的生命は、學校衞生が之をなし、學校の學習は、心理的經驗而して學習から作業が行はるれば、此處に學校生活を營むことが出來るのである。かく營ませるといふことが敎育することである。

而して生活者としての兒童の特徴が精神的物理的生活そのものにありとするならば、卽ち眞の精神物理的生活を營ましむることが卽ち敎育の正しき道でなければならぬのである。玆に學校に於ける兒童敎育の形の特徴が表れて來るのである。

第二節　兒童生活の內容

生活を內容の方面から分析して見るならば之を四つに分つことが出來る。

第一、行動

第二、創作的の活動

第三、奉仕と云ふ活動

第四、思考と云ふこと

眞の學校生活に於ては行動が大切である。英國に於て學校生活を爲す目的は紳士を作る所以だといふ、かういふ行動をすることが主要な問題である。所謂社會生活の行動が極めて重要であるといふことになるのである。

創作も奉仕も同様に自分たちの仲間と協力して仕事をする時に現はるゝものである。此處に於て眞に個人が價値を持つといふことになる。

而して此の四つが適當に現はるゝといふことが最も大切なことである。かゝる意味に於て學校生活を營ましむべきのである。學校生活を正しく營ませる校長は、かゝる考の上に立つものである。而して、英國のイートン、オックスフォードの如く人格を養成するといふことが、學校生活の理想でなくてはならない。

既に兒童生活の内容が以上のごとくであるとするならば、學校經營者は如何

にして此の生活内容を豐富にし價値あるものにするかに就いて攻究すべきである。行動に於て、創作に於て、奉仕に於て、思考に於て、それぐの部面に於て自分の學校が今如何なる事情にあるかを攻究して見ることが必要である。此の意味に於て學校長は、今自分の統率する學校が如何なる現狀にあるかを知らなければならぬ。之を學校診斷といふ。卽ち校長は、自らの學校を知らなければならぬ。敎員は自己の擔任する學級を知らなくてはならぬ。而して學校内の如何なる位置に我が學級があるかを知らなくてはならぬ。之と同樣に校長は他の學校と比較して自己の學校が如何なる狀態にあるかを調査して見なければ完全な學校診斷は出來ないのである。既に學校診斷が出來たならば之に處する途を講じなくてはならぬ。

第三節　作業者としての兒童

兒童は生活するものであり、作業するものである。此の生活と作業とは相關

的のものであるといふことが出來る。相關的であるとは、卽ち、生活は作業を生み、作業は生活を深化するといふことである。今少しく詳說して見よう。

一體、兒童が作業するといふ意味は、兒童がその內部的要求によりて內部的要求に基づいて外界へ働きかける活動を行ふことをいふ。而して如何なる働きをするかは、生活の內容が之を決定するのである。例へば、我々が今部屋にゐて生活をしてゐると、自然に空氣が濁る。そこで內部的生活の必要から新しい空氣を入れようといふ必然の要求が生じて來る。すると立つて行つて窓へ手を掛け開放する――此處に於て窓を開放するといふ作業が行はれるのである。此の場合には生物的生活が作業を生んだのである。此の生活から生れた活動卽ち作業が眞の作業である。之に反して敎師の要求が主になつて無理に兒童に活動を强ひるのは兒童の考でなく仕事をさせるのであつて、それは課業であつて眞の作業では無いのである。課業と作業とは明らかに區別せられるものである。

太郞の母が病氣に罹つたと假定すれば、此の生活から太郞には母の看護に從ふといふ仕事が生れて來るのである。斯の如く生活上の事業、出來事が我々を

刺激して仕事をさせるのである。斯かる仕事は吾々に如何なる影響を與へるかといへば、その生活に深味を與へ、前よりも深化せられたる生活を生じて來る。作業はその作業者に經驗を與へ、知識·技能を最も自然的に與へるのである。言ひ換へれば知識·技能を知識·技能としてゞなくして經驗といふ形で有たしめるのである。即ち生活それ自身が深化されるので、知識が增したとか技能が上達したとかいふことだけでは無くして、全生活に變化を與へるのである。經驗によりこの生活の理法を會得させるのが深化といふのである。

されば生活と仕事即作業とは相關的であるといふことが出來る。所謂相關的とは、互に原因となり結果となるといふことである。

生物的生活は生物的作業を生み、精神物理的作業を生み、此等作業はそれぞれ生活全體に深化的影響を與へ、深化せられたる生活は更に深化せられたる作業を生む。斯くて相互に他に影響し合つて此の關係を連續して行くのが所謂作業生活者の生活である。

作業者として兒童は、兒童自身の生活より兒童自身の作業を生み、之を實施

することによりて兒童自身の生活を深化するのである。而して兒童が學校に於て社會生活を營んで居れば、それに應じて共同作業を生み、その共同作業を實行することにより兒童の社會生活はより深化されたる豐富なる社會生活となり、以て更によりよき共同作業を生み出して行くものである。

第五章　作業學校

第一節　作業の概念

作業は、作業學校の中心概念であるから、先づ此の概念を明かにする必要がある。仰も作業は自己活動である。所謂自己活動の自己といふのは、その動機が自己にあるといふこと卽ち自發したものである。從つてその活動の目的が自己の目的であること、自分の目的であること、その方法も又自分の方法である場合に自己活動であるといふことが出來る。

されば、その活動の動機も目的も方法も力も皆自己にあるといふことである。斯くの如き活動を自己活動といふのである。此の自己活動の中に於て、その目的が存すること、自己の目的の存することを作業の特徵とするが故に、之を更

に目的活動ともいふのである。

さて、此の目的の性質により目的活動を二種類に區別することが出來る。一つは目的物の活動といふべく、他は充目的活動といふのである。目的物の活動といふのは、その活動に目的があるらしいけれども、餘りその目的意識が明らかになつて居らぬ狀態の時に之を目的活動といふのである。人はおきまりの事を毎日お勤めとして反復して居る内に段々目的意識が不明になり、遂には活動の爲の活動を營む事となる。斯かる狀態になれば、目的的活動であるといふのである。

充目的性質とは、それをやる仕事の態度に於て心身を打ち込んでやる全我的活動をいふのである。眞の目的活動は、この充目的活動でなければならない。自己の目的に對して、全我を打ち込んでやる活動が目的の性質を完全に備へたる自己活動であると云へる。斯くの如き目的性がないものは眞の自己活動であるといふことは出來ない。

例へば、敎師が敎壇に立つにも、始めて敎師になつた當時は新鮮なる希望を

持ち、研究を重ねて兒童に臨むが、それが五年立ち十年となると、新しい興味もなくずら〳〵と繰返すに過ぎなくなる、全我的の活動でなく、半分位の我しか働かないものになる、修身の話をする――孝行について敎へるにも、あり來りのことを話すのみで、新しい感じがない、といふのであつたならば、目的的活動には違ひないが、全我的の活動がない爲に、生々とした生命がないのである。生命のない敎育には從つて力がないことになる。故に敎へを受ける生徒も興味を感じなくなるのである。

視學が學校を參觀するのに、兒童を見て二つの區別が出來る、一方は、生き生きとして授業を受けてゐる。一方はいや〳〵乍らやつてゐる。これは、敎師の全我活動により兒童が興味を感じて生々とした活動をするものと、敎師の全我的の活動のない爲との相違せる點からである。

作業學校は此の意味に於て全我活動の學校である。

次に、作業に必要なのは、能動的の活動卽ちアクテイブであるといふことである。能動性の中には、自發性といふことゝ、働きかける卽ち積極性といふこ

とゝある。此處に、作業の能動性といふものがあるのである。されば此の點から作業學校を觀るならば、作業學校は能動學校であるのである。

自發性といふのは、人から命令により活動するものでなく、自己の動機から當然せねばならぬことの觀念から活動するものである。即ち自發性を持つた活動とは自己に原因があるのである。能動性は單に自發的であるばかりでなく、他に働きかけるものでなくてはならぬ。

嬰兒が生れた當時は、母親の乳を呑むだけで滿足してゐるが、少し大きくなると、自分以外のものを自分のものとしようとして外界に働きかける、さうして物を握らうとする。その働きかける性質が自己活動の内容を占めてゐるのである。

凡そ働きかけるには、自分があつて、その意志によりその働きを自己以外の他に及ぼすのでなくてはならぬ。

自分といふのは、自分の肉體を必要の條件としてゐる。他に及ぼすとは、例へばチョークを握らうとするが場き場合には、先づ頭の中にチョークを握らう

との意志が動き、此處に我々は自分の手に命令してチョークを取るのである。他に及ぼすには、かくの如く肉體の力を借り、肉體を通して、その意志を外界の事物に働かすのであつて、肉體の中最も多く使用されるものは手であるのである。手が最も適當なものであり且便利なものである。

しかし手は身體の一部分である。此の身體の一部分を爲してゐるものが進んで手の代りになつたものが所謂道具である。卽ち手の延長したものが道具である。初めは、凡て何事を爲すにも手を以てした。それが進化して鑿が出來、錐、鉋が出來た。之等を以て外界に働きかけることになつた。從つて、作業といふものは道具を使つて、何等か外界に手を及ばすもので、かくして自己活動が現れるのである。されば作業學校を此の點から觀るならば、作業學校は道具學校であるといふことが出來る。

さて道具學校は道具だけでは車の空廻りの如くであるから物質を要する。茲に作業の現實性といふことを認めねばならぬ。ユートピアの世界には作業は出來ない。木、布、紙、粘土、等…といふ物質が作業に必要であり、錐、鑿——

鉋を手に握ることが大切である。要するに物質が無くしては作業は出來ない。作業はかゝる現實性に立たねばならないといふことである。作業學校は此の點から觀れば現實學校である。

凡そ自己活動は、能動性を有すべきものなることを述べたのであるが、更に深く考へれば、獨立性といふものが必要である。獨立に仕事をするといふことは自分の中に現はれたものを、自分の方法により決行することである。要するに獨立獨行が作業の觀念として大切なことである。此の點から作業學校を觀るならば、作業學校は獨立學校とも云へるのである。

次に作業が陶冶に對して如何なる關係を持つかを決定するのは、勞得の原理に依るのである。而して、勞得によつて文化財は陶冶財となるものである。作業は我々に文化價値を齎らすものである。

例へば、此處にコップがある。唯單に言葉でコップといふのを聞いたゞけでは概念に過ぎない。透きとほつた美しいものといふのに過ぎない。それが實物のコップを見、手に觸れて見、水を入れて呑んで見る、斯くして感覺的にコッ

プの意義を知ることが出來る。此のやうに、文化財に對して概念的でなく情意的に會得する、さういふのが作業による陶冶的效果であつて、仕事により我々が筋肉を使つて情意的な作業によつて文化財を會得するのを勞得といふのである。此點から作業學校を觀るならば、勞得學校であるといふことが出來る。

此の如く作業にはいろ〳〵の特徴があるが自己活動の性質と、現實性であることゝ、文化を勞得することゝの三つのものが主なるものである。

兒童は生物的生命、心理的生命、精神物理的生命を持ち、活動を好む性質を持つてゐるから、多くの直接的作業により活動させ、外界に働きかけさせ、文化を勞得するやうにするのが、敎育上に於ける作業の作業たる所以である。

最後に、作業の活動を行ふに自然の結果としての生産に就いて一言したい。それは作業及び生産活動であるといふことである。外の言葉でいへば物を形成する活動を稱するのである。此處に粘土の固りがあるとする。兒童は、これを見て、何か作つて見たいといふ感じを持つ。卽ち兒童は形成衝動といふものを起すのである。兒童は此の心理的の衝動を持つてゐるものである。かくして、

兒童に生産衝動が起こると、次には、之を完成せんとする欲求が出る。作業となると、椅子を作るとする、時間が來たら止めなさいといつても『先生もう少しやらせて下さい。直ぐ出來上りますから』と、子供はなか〳〵完成するまではやめない。完成に到らなくては滿足しないのである。此の完成の欲求が、人間の根本である。哲學も科學も道德も敎育も、皆欲求するものゝ完成を望んでゐるものである。

形成の欲求から、物を生産せんとする生産活動を起すに至る。かくして、之を完成しなければ止まないのである。之れ皆作業の現實性によるものである。此の點から考へれば、作業學校は生産學校であるといふべきである。

此處に於て、作業學校と學習學校との異なる點を發見することが出來る。作業學校は決して時間に執着しない。ものゝ出來上りといふことである。要するに形成主義であり、生産活動を認めるものである。生産活動を行ひ、物を完成すれば、生産・喜悦の情が起る。『よかつた』といふ歡びの感情が起る。丁度藝術家がカンパスに向つて繪筆を揮ひ、苦心して漸く描き上げ、恍惚と完成した繪

畫を眺めてゐるが如き喜悅の情が起るのである。然るに、學習學校は事物を學ぶといふに過ぎなく、かゝる生產的の意味を持たないもので、又時間により授業を受け、作業學校の如く完成するものを目的としてやつてゐるのではないのである。

又現代に於ては、經濟的の要求から作業が要求せられて來てゐる。ロシヤに於ける生產學校は、此の意味から行はれてゐるのである。此の單なる經濟のみの作業學校は、餘りに廣義の作業學校である。兎に角經濟的に國民の生產能力を增進し、國家が生產的の人物を要求するやうになつたのは、近代文化國家の大きな事實であつて、實業敎育が旺盛となり、普通敎育に於ても生產を發達させねばならなくなつたのである。

さて、作業學校の概念は何ぞやといふに、要するに作業學校を組織として見た場合に、全體の組織に於て作業を中心としてゐる敎育の形が行はれてゐる共の學校を作業學校といふのである。あらゆることが、作業を中心として行はれてゐることである。こゝに書物による學習學校との區別があるのである。

ケルシェンシェタイナーは曰く『その手を共同利益の爲に働かす學校が作業學校の特徴である』と。

學校となつたらば、一つの社會生活を形作つてゐるのである。社會生活を成してゐる以上、社會生活・共同の利益の爲に働かす學校が作業學校と認むべきであると思ふ。

第二節　作業の段階

作業の段階は之を五つに分つことが出來る。

第一は目的の決定である。これは、兒童の自己目的が何れにあるかと云ふことである。一般に於ては、作業者の立場からいふならば、仕事の結果が目的である。出來上つたものが目的である。即ち目的物である。しかるに、敎育の場合に於ては、敎育者の側から考へるならば之と趣を異にし、發達といふことが大切である。こゝに問題が起るのである。

例へば箱を作るといふのでも、一般には出來上つた箱が大切である。目的であるが、敎育に於ては、その箱を作る過程に重きを置くのである。この作業中が重要視せられるのである。敎師は、その過程による心身の發達を目標としてゐるものである。敎師は、兒童の作業をば兒童の發達を目的としてゐる立場から批評したり、統制したりしなくてはならぬ。換言すれば兒童は仕事の將來を目的とし、敎師は發達を目的として居る。其處に兒童敎師の交渉が起り單なる自由放任で無いことが分るのである。卽ち兒童の目的と敎育の目的とを調和させ止揚させるのが敎師の任務となるのであつて、茲に生きた敎師を要するのである。

目的の決定に於ては、兒童の自發的の目的を一々吟味し敎育的の價値づけを行ひ、その結果兒童をして敎育的價値ある目的を自發によりて追求する樣に處理することが卽ち目的決定であつて、價値ある共同の目的を各自が自己の目的として採り入れる時に目的決定が行はれたといふべきである。

ヘルバルトは、目的授與とか目的指示とかいうたのであるが、これは、現今

では此の思想は餘りに教師中心の教育思想であるとされて居り、目的決定といふことが妥當とされて居る。即ち教師・兒童の共同による目的決定である。兒童を指導するには、植物を培養するやうに、兒童を導いて、實を結ぶやうにしなくてはならぬ、故に、目的の決定といふのは、先生より目的を授與するに非ずして、生徒と先生との共同によつて生れるものであるといつてもよいと思ふ。而して、目的の決定に次いで來るものは、計畫である。

第二の段階は目的を達す手段方法を詮索して、その中からよきものを選ぶことである。

第三は實行可能性のあるものを順序よく秩序を立てゝ、仕事の區分をする段階である。即ち計畫立案の段階が是である。此の場合にも兒童が主となつて計畫立案をすべきで、教師は受動的指導者の位置に立つべきである。

第四は、實行の段階である。即ち立案に從つて之を實現して行くのであるが茲に注意すべきは作業の獨立性を發揮し得るは此の段階である。從つて教師は干渉を避け、凡ては結果を見ての上で反省させることが必要である。

第五は判斷の段階である。始より終までを通觀して反省し、作業の結果について考へることである。その第一は、結果の確認である。その仕事が如何に成されて居るか、卽ち完全に出來てゐるかどうかを確めるのである。次に判斷することは、目的は實現せられたか、計畫は當つてゐるか、實行は計畫通りであつたかといふことを、批判するのである。更に進んでは之によつて、如何なる體驗を得たか、如何なる知識·技能を收得したか、最後には今後かういふ仕事を爲す時に注意はどうかといふことを反省するのである。

學習學校に於ては、先づ、第一番に知識として授與した。卽ち、米といふものを學ぶのに、前には、豫備をなし、提示といふやうに知識的に取扱つたのであるが、作業敎育に於ては、苗から、稻、取入れ、といふやうに兒童として充分に硏究せしめ、米粒を持つて來て直觀させる。かくして、眞に米についての凡てのことを會得させるのである。これを正しく導くのが作業の指導であると思ふ。同時に、相當に發達したならば、兒童自身が此の段階の各段を自ら考へて、自ら工夫し、自ら之れを守るといふ心にまで導いてやることが必要である

と思ふ。

第三節　作業の種類

人により、作業について精神と肉體とを分けて考へる人があるが、我々からいふならば、意味のないことであると思ふ。獨立した精神といふものも存在しなければ、獨占した肉體といふものも存在しない。只概念上に、肉體と精神と分離して考へるに過ぎない。實際家が之に誤られて抽象の誤に陷つてはならない。故にかゝる分類には餘り敎育的の實際的の價値はないのである。從來の學習學校は、精神的活動を中心として論じ、作業學校の主張は肉體を中心とするといふ點にあるとはいへ、肉體の活動のみは考へられない、それは唯概念に過ぎなくて、事實は精神も働いてゐるのである。斯くの如き作業の分類は寧ろ之を爲さゞるに如かずと思ふ。

作業の種類を敎育上に於て作業を分類する必要のあることはそれが敎育の目

的方法に關する直接關係がなければならぬ。此の點から考へるならば、個人作業と共同作業との二つに分けることが最も必要な問題である。

個人作業といふのは、獨立性を持つもので、共働の實行に必要なものである。本國のウイネッカ・システムの指導の任に當つたカールトン・ウォシュバーン氏は、市俄古の郊外の學校に於て毎日の學校生活に於て午前・午後共に各半分づゝを共同作業と個人作業とに分けて行つたのである。これなども一つの案ではある。

又、一つの共同作業を、各自分擔して誰と誰はどの部分を受持つといふやうにして各自が受持を完成し、かくして適當に個人と共同作業とを融合させることも一つの方法であると思ふ。

要するに、作業學校に於ては、人間が共働する。人と人と結合させるといふことが教育の最後の目標でなくてはならないのである。人と提携して仕事に從事すること、共働の意思を養ふといふこと、共同・生産・喜悦の情を養ふこと、之れが社會人として最も重要なる要素である。學級全體が共働團體となり、學校全體が一つの作業共存體となり、先生も生徒も校長も、小使も皆一つになつて、

共働的の作業を續ける場合には眞の意味の作業學校が實現せられるのである。

第四節　作業の陶冶價値

最近ライプチッヒの小學校敎員會が、敎授法研究部會に於て、『作業校に於ける陶冶とは、どんなことが行はれるか――』といふことについて研究を行つた。それによると――陶冶卽ち作業學校に於て行はれる陶冶の特徴は、全體的陶冶といふべきものであるといふことに歸着して居る。知的・情的、意的といふやうに、一つ〳〵離れ〴〵に陶冶を行ふといふのが從來の學校の考へ方であつた。作業學校に於ては、心理學で敎へる所の智・情・意の三つの方面の陶冶が具體的に一つになつて行はれねば益がないといつて居る。卽ち全體的陶冶こそは作業學校で覘つて居るところのものである。これが作業學校に於ける陶冶の見方である。

算術、數の計算といふことに於て、算術といふ中心の作業には、智の外に情

的意的方面の陶冶が當然結びつく、算術は單に數の計算を、算術といふ智的方面のみで敎へるのは作業學校ではない、作業學校に於ては算術的の作業によつて算術的の收穫を得ることを目標として居るのであるが、而もそれは全體的陶冶の形に於て行はしめんとするのである。單なる數量的若くは數學的陶冶を孤立的に行ふことは作業敎育の原理に合しないものである。

國語としても同樣であつて、單に國語としての方面を敎へるのでなく作業により國語的陶冶を得ようとする所にある、全體としての國語陶冶を行ふのが、作業學校の覘ひ所である。從つて讀方書き方綴り方は考へる時には分けて考へるけれども國語陶冶としては同一的に之を行ふ。否國語陶冶それ自體さへも作業に要する一部面として之を認めることによつて作業敎育が成立するのである。

人形の着物を拵へる作業をやるとする。此場合には裁縫、國語、算術、經濟的、社會的凡てに綜合的の全一的陶冶が行はれるべきである。最初の目的たる人形の着物を作るといふのみでなく、全體として人格の陶冶が行れるのが作業學校の特徴である。

私どもは、大正七・八年頃から作業敎育を實行してゐるのである。その實驗により、作業敎育と知識といふ方面について考へて見るに、一番知識標準になるものは入學試驗である。作業敎育による結果は、知的陶冶もよく行はれて實際に於て普通の中等學校の學科別式の入學試驗に應じても可なりよき成績を擧げて居るのである。しかし、これは、敎師が作業敎育についての確信を以て行ふ場合に限るのであつて、先生の方に於て確信を持つことが出來ずにつう〳〵して居つて、五年頃より準備敎育者でもやるといふやうなものでは、成績を擧げることが出來ないのである。此の例によつても見らるゝ如く、作業敎育は、全體的陶冶が行はれ、智的陶冶、意的陶冶、も充分に行はるゝものであることを證するものである。尚本項については拙著『ライプチッヒの作業敎育其の批判』に據りて研究せられんことを希望する。

＊　編集上の都合により、底本１７５～３１３頁は削除した。

學校經營原論

奥付

昭和六年十二月二十日印刷
昭和六年十二月二十八日發行
昭和七年一月十日再版發行
昭和七年一月十五日三版發行

【定價金貳圓八拾錢】

著作者　北澤種一

發行者　永田與三郎　東京市神田區表神保町十番地

印刷者　竹內喜太郎　東京市牛込區榎町七番地

發行所　東京市神田町表神保町十番地
大阪市南區・内安堂寺町二丁目廿八番地
東洋圖書株式合資會社
振替東京一〇三七番　振替大阪三九五五六番

大賣捌所
（東京）文修堂・東京堂　（京都）京都書籍・博省堂　（熊本）長崎書店
（大阪）寶文館　（佐賀）大坪書店　（奈良）木原書店
（名古屋）川瀨・星野・小澤　（久留米）菊竹書店

印刷所・日清印刷株式會社

製本所・中條製本所

編集・解説

橋本美保（はしもと・みほ）

一九六三年生まれ。東京学芸大学教育学部教授、博士（教育学）

主な編著書等　『明治初期におけるアメリカ教育情報受容の研究』（風間書房、一九九八年）、『大正新教育の思想 生命の躍動』（共編著、東信堂、二〇一五年）、『文献資料集成 大正新教育』全Ⅲ期・全二〇巻（監修・解説、日本図書センター、二〇一六・一七年）、『大正新教育の受容史』（共編著、東信堂、二〇一八年）ほか

遠座知恵（えんざ・ちえ）

一九七六年生まれ。東京学芸大学教育学部准教授、博士（教育学）

主な編著書等　『近代日本におけるプロジェクト・メソッドの受容』（風間書房、二〇一三年）、『大正新教育の思想 生命の躍動』（分担執筆、東信堂、二〇一五年）、『大正新教育の受容史』（分担執筆、東信堂、二〇一八年）ほか

大正新教育
学級・学校経営 重要文献選
第Ⅰ期 高等師範学校附属小学校における学級・学校経営
東京女子高等師範学校附属小学校1
第1回配本 第1巻
編集・解説 橋本美保・遠座知恵

2019年6月25日 初版第一刷発行

発行者 小林淳子
発行所 不二出版 株式会社
〒112-0005
東京都文京区水道2-10-10
電話 03(5981)6704
http://www.fujishuppan.co.jp
組版/昴印刷 印刷/富士リプロ 製本/青木製本
乱丁・落丁はお取り替えいたします。

第Ⅰ期・第1回配本・全3巻セット 揃定価(揃本体54,000円+税)
ISBN978-4-8350-8283-7
第1巻 ISBN978-4-8350-8284-4

2019 Printed in Japan